5-7, rue de l'Ecole-Polytechnique, 75005 Paris

www.editions-harmattan.fr

ISBN : 978-2-14-020856-0
EAN : 9782140208560

DE L'OR
CONTRE DES DÉCHETS

Les insertions du Ghana dans l'économie internationale au début du 21e siècle

Collection « Études africaines »

dirigée par Denis Pryen et son équipe

Forte de plus de mille titres publiés à ce jour, la collection « Études africaines » fait peau neuve. Elle présentera toujours les essais généraux qui ont fait son succès, mais se déclinera désormais également par séries thématiques : droit, économie, politique, sociologie, etc.

Dernières parutions

Abbé Nestor SALUMU NDALIBANDU, *La philosophie au service de la société en Afrique, Le cas de la RDC*, 2022.

Abbé Nestor SALUMU NDALIBANDU, *La responsabilité sociale du philosophe face à la guerre en Afrique, Enjeux et perspectives*, 2022.

Gilbert GERMAIN, *Non à un plan Marshall pour l'Afrique subsaharienne*, 2022.

Azza BCHIR, *La tragédie de la performativité*, 2022.

Laurent TAGNE, *Les TIC dans le système éducatif camerounais. Cas de l'enseignement secondaire,* 2022.

Guila THIAM, *Les médias africains à l'heure de la rupture. Vers un grand rétablissement*, 2022.

André NIKWIGIZE, *Ethnisme et tragédies au Burundi, De l'identité nationale à l'identité ethnique*, 2022.

Léandre Serge MOYEN, *L'impossible État fédéral africain. Les droits fondamentaux à l'épreuve des identités culturelles nationales*, 2022.

Charlie MBALLA (dir.), *L'Etat dans les Afriques. Etat des lieux en Afrique subsaharienne,* 2022.

El Hadji Malick NDIAYE, *Ce que les GAFAM font aux médias africains. Enjeux socioéconomiques, éditoriaux et politiques de l'infomédiation*, 2022.

Yves-Alexandre CHOUALA, Patrice BIGOMBÉ LOGO et Delmas TSAFACK (dir.), *Le Cameroun et les grandes puissances. Trajectoires et dynamiques de coopération*, 2022.

Jean Christophe TSHIMPAKA BODUMBU, *Le numérique et l'enseignement en RDC, Appropriation des artefacts numériques par les enseignants*, 2022.

Kauê Lopes dos Santos

DE L'OR CONTRE DES DÉCHETS

Les insertions du Ghana dans l'économie internationale au début du 21e siècle

Préface de Armen Mamigonian

L'Harmattan

SOMMAIRE

SIGLES ET ABRÉVIATIONS

ACE – *Alcan Chimie Europe*
AFRC – *Armed Forces Revolutionary Committee*
AGC – *Ashanti Goldfields Corporation*
AMCL – *African Manganese Company Limited*
BMG – *Bonsai Minerals Group*
CAST – *Consolidated African Selection Trust*
CEDEAO – *Communauté Économique des États de l'Afrique de l'Ouest*
CI – Circuit inférieur
CMB – *Cocoa Marketing Board*
COCOBOD – *Ghana Cocoa Board*
CPP – *Convention People's Party*
CRIG – *Cocoa Research Institute of Ghana*
CS – Circuit Supérieur
DIT – Division Internationale du Travail
ERP – *Economic Recovery Program*
FAO – *Food and Agriculture Organization of the United Nations*
FMI – *Fonds Monétaire International*
GACL – *Ghana Airports Company Limited*
GBC – *Ghana Bauxite Company*
GBCL – *Ghana Bauxite Company Limited*
GCAA – *Ghana Civil Aviation Authority*
GCD – *Ghana Consolidated Diamonds*
GIMC – *Ghana International Manganese Corporation*
GMC – *Ghana Manganese Company*
GMWU – *Ghana Mine Workers Union*
GNMG – *Ghana National Manganese Corporation*
GNPC – *Ghana National Petroleum Corporation*
GPHA – *Ghana Ports and Harbours Authority*
GRCL – *Ghana Railway Company Limited*

GRDA – *Ghana Railway Development Authority*
GSS – *Ghana Statistical Service*
GVC – *Global Value Chain*
IBES – *Integrated Business Established Survey*
INTERPOL – Police internationale
KIA – *Kotoka International Airport*
LBT – *Labor–Based Technology*
MoEP – *Ministry of Energy and Petroleum*
NDC – *National Democratic Congress*
NLC – *National Liberation Council*
NPP – *New Patriotic Party*
NRC – *National Redemption Council*
PBC – *Produce Buying Company*
PC – *Petroleum Commission*
PIB – *Produit Intérieur Brut*
PMMC – *Precious Mineral Marketing Company*
PNDC – *Provisional National Defence Council*
PNP – *People's National Party*
PP – *Progress Party*
PPP – Partenariats Public–Privé
SAP – *Structural Adjustment Plan*
SGMC – *State Gold Mining Corporation*
SMC – *Supreme Military Council*
TLS – *Trade Liberalization Scheme*
TOR – *Tema Oil Refinery*
UGCC – *United Gold Coast Convention*
VRA – *Volta River Auhority*
WAMZ – *West African Monetary Zone*

PRÉFACE

« De l'or contre des déchets » est une respectable étude de géographie économique sur les insertions du Ghana dans la division internationale du travail contemporaine. Le livre, à son tour, a été élaboré à partir de la thèse de doctorat de l'auteur, réalisée à l'Université de São Paulo, au Brésil.

K. Santos avait plusieurs mérites dans son étude. Parmi elles, on peut souligner le choix théorico-méthodologique, qui l'a conduit à une enquête et à une analyse cohérente des données, obtenues à partir de sources primaires (avec un travail de terrain qui couvrait l'ensemble du territoire ghanéen) et de sources secondaires (notamment les travaux d'intellectuels africains et africanistes Européens et Américains).

Dans ce livre, il y a des éléments de la géographie classique et des éléments du marxisme. Concernant la première, on peut citer l'usage de la notion de « combinaisons géographiques », qui a été développée par le géographe français André Cholley au milieu du XXe siècle. On comprend cependant que ces « combinaisons » soient équivalentes à la notion de « déterminations multiples » de Karl Marx, notion si importante pour l'analyse de l'économie politique de K. Santos. L'auteur analyse même le Ghana à partir du concept de « formation socio-spatiale », concept développé par le géographe brésilien Milton Santos dans les années 1970 à partir du concept de « formation socio-économique », d'origine marxiste.

Dans un premier temps, le livre retrace l'histoire du territoire ghanéen, en examinant les manières dont différentes sociétés ont organisé leurs forces productives et leurs relations de production dans cette partie de l'Afrique de l'Ouest au fil du temps. A la fin du XIXe siècle, certaines de ces sociétés, qui jouissaient jusqu'alors de la souveraineté territoriale, étaient dominées par l'impérialisme britannique de la fin du XXe siècle, un impérialisme qui, sous la logique centre-périphérie, retraçait l'évolution politique, économique, physionomie culturelle et territoriale de ces peuples.

Les divers impacts de l'institution coloniale, ainsi que les luttes menées par la population locale pour l'indépendance, conquise en 1957, sont également objets d'analyse. A partir de là, l'auteur met l'accent sur l'organisation du territoire ghanéen et son insertion dans l'économie internationale tout au long de la seconde moitié du XXe siècle jusqu'au début du XXIe siècle.

Puis, l'auteur se consacre à la construction d'une analyse contemporaine de la localisation des activités économiques et de leur régionalisation, de la répartition des infrastructures, du réseau des villes, etc. Cette analyse permet de comprendre les différentes manières dont le Ghana s'insère dans l'économie mondiale. Ainsi, K. Santos procède ensuite à l'analyse des activités économiques liées à l'exploration de l'or, du pétrole, du cacao et d'autres matières premières. Dans le dernier chapitre, l'auteur s'intéresse à la dynamique des importations (y compris les *e-waste*), dynamique qui permet également de comprendre les capacités inutilisées et les goulots d'étranglement, ou ce que les forces productives du territoire ne peuvent garantir.

Ce livre est une excellente lecture pour ceux qui cherchent, à travers une perspective géographique et d'économie politique, à comprendre comment un pays africain s'insère dans l'économie internationale, une économie extrêmement dynamique et qui a subi tant de transformations.

Armen Mamigonian
Université de Sao Paulo, Brésil

INTRODUCTION

Ce livre ne parle pas de l'Afrique. Je le communique aux lecteurs de cet ouvrage, immédiatement, afin d'éviter d'éventuelles frustrations à la lecture des pages suivantes.

Au cours du processus de recherche doctorale qui a abouti à ce travail, j'ai constaté que la généralisation est l'opération la plus tentante pour les universitaires qui se concentrent sur des thèmes liés au continent en question. Cela peut être vu dans de nombreuses études empiriques qui, centrées sur l'analyse d'un ou deux emplacements spécifiques, indiquent des modèles et des tendances universels pour cette masse terrestre complexe de 30 millions de km^2 où plus d'un milliard de personnes vivent dans 54 pays.

Fréquentes dans le monde académique, les généralisations sont encore plus répandues dans la presse et l'industrie culturelle. Le dernier, quant à lui, semble n'avoir eu aucune gêne en sortant en salles, mi-2015, un film dans lequel des enfants étaient entraînés de manière perverse dans des guerres civiles dans « quelque part en Afrique » ; dans cette abstraction continentale irresponsable et perverse, peu importait au public que l'intrigue soit développée au Nigeria, en Namibie, au Congo, en Éthiopie ou en Afrique du Sud.

Construction idéologique qui s'est développée depuis la colonisation européenne au XIXe siècle, cette « Afrique » (avec des guillemets) est donc encore nourrie par la science et la culture occidentale. Ces organes sont chargés de créer trois principaux types de représentation pour le continent.

Le premier d'entre eux est notoirement un vestige des littératures coloniales. C'est un lieu de « nature sauvage », dépeint par des savanes inexplorées, des forêts, des déserts, des rivières et des lacs, dans lequel une faune riche et diversifiée coexiste en harmonie avec l'environnement. La figure humaine dans cette représentation est pratiquement inexistante ou apparaît discrètement intégrée au paysage, avec les animaux. C'est dans cette Afrique que nous, Occidentaux, faisons des safaris.

L'autre représentation concerne les « cultures exotiques » du continent, qui s'observent dans des pratiques religieuses « étranges », des habitudes alimentaires « curieuses » et des langues et dialectes imprononçables pour l'univers latin et anglo-saxon. C'est dans cette Afrique que nous, Occidentaux, assistons aux festivals.

Enfin, il y a la représentation la plus explorée : celle de la « tragédie humanitaire ». Elle serait à son tour le produit de la politique prétendument déséquilibrée des pays du continent, qui sont généralement compris comme des États gouvernés par des sujets corrompus, autoritaires et violents ; les « vrais » responsables du déclenchement de conflits sanglants. Dans des documentaires ou dans des articles de journaux, une grande partie de l'Occident se demande avec stupéfaction : « mais comment peuvent-ils s'entretuer ? » À cette tragédie, s'ajoute la propagation de maladies comme le SIDA et Ebola, annoncée dans des données statistiques qui font rarement des déductions régionales. Il y a aussi la faim, qui dévaste la « réalité africaine » en raison des sécheresses incontrôlables, produites par la « nature sauvage » susmentionnée. C'est dans cette Afrique que nous, Occidentaux, faisons du volontariat.

Ferguson assure que « [...] lorsque nous entendons quelque chose sur 'l'Afrique' de nos jours, les tons de problème et d'urgence sont généralement utilisés. Ce n'est jamais seulement l'Afrique, mais toujours la crise en Afrique, les problèmes de l'Afrique, l'échec de l'Afrique, le défi moral de l'Afrique dans la « communauté internationale » » (Ferguson, 2006, p.2).

Mbembe approfondit encore la discussion lorsqu'il déclare « qu'il n'y a pas de description de l'Afrique qui n'implique des intentions destructrices et mensongères ». Pour l'auteur, l'Afrique vue « comme une idée, un concept, a historiquement servi, et continue de servir, d'argument controversé au désespoir occidental en établissant une distinction entre le continent et le reste du monde » (Mbembe, 2001, p.2). Munanga, à son tour, assure que « [...] pour les amateurs de cartes géographiques, l'Afrique est cette chose immense et vague, une masse compacte au pied de l'Europe, un réservoir inépuisable de minéraux divers, bananes, arachides et autres cultures exotiques » (Munanga, 1993, p.102).

Car c'est cette Afrique que je pensais être mon objet d'étude lors de la première année de ma thèse de doctorat, en 2013. L'intérêt pour étudier le continent est venu après un voyage que j'ai fait au festival Vaudou au Bénin, en janvier 2012. Là-bas, j'avais réalisé que j'étais incapable de faire une analyse géographique cohérente de la réalité spatiale qui m'entourait. En effet, il a voyagé parmi des anthropologues, des sociologues, des historiens et des journalistes bien positionnés dans leur analyse de l'environnement.

À mon retour au Brésil, j'ai décidé dans mon projet de recherche que j'étudierais le rôle de « l'Afrique » dans la division internationale du travail contemporaine, comme si je me référais à un bloc massif dans un dynamisme politico-économique unique. Cependant, cet objectif préliminaire a en réalité servi à remettre en cause l'idée largement répandue selon laquelle l'Afrique serait exclue de l'économie mondiale. Afin de rendre une telle recherche réalisable, il était nécessaire de choisir un pays qui pourrait représenter les modèles et tendances universels séduisants que je recherchais également.

Ainsi, le choix du Ghana comme découpage m'a semblé intéressant pour plusieurs raisons. Premièrement, le pays avait été le premier d'Afrique subsaharienne à obtenir son indépendance de la domination coloniale européenne, en 1957, sous la direction de Kwame Nkrumah. De plus, le pays avait été le laboratoire de nombreuses politiques économiques tout au long de son histoire et le premier à avoir intégré un ensemble d'ajustements néolibéraux au début des années 1980. Enfin, à mon avis, le pays était déjà sûr qu'il n'y avait pas de référence récente. Dans les journaux à des attentats terroristes, des épidémies ou des guerres civiles, comme au Nigeria, en Guinée ou en Sierra Leone, par exemple.

Cependant, à la fin de la première année de recherche, j'ai pu établir une distinction méthodologique entre l'approche empirique et l'objet, distinction qui était fondamentale pour moi pour poursuivre les études de manière cohérente et au plus près de la réalité observée sur le terrain. Cela veut dire qu'au départ, en prenant une coupe, je croyais qu'une analyse géographique du Ghana servirait aussi d'analyse du continent africain. Au fil des études, cependant, j'ai fait la conversion d'une telle découpe en objet : ainsi, le territoire ghanéen a cessé d'avoir pour fonction d'expliquer des réalités hors de ses frontières ; Le Ghana devrait s'expliquer, correctement contextualisé dans le temps et dans l'espace.

Alors je le répète, ce livre n'est pas sur l'Afrique, ce livre est sur le Ghana. L'objectif principal de ce livre est de comprendre les insertions du Ghana dans la division internationale du travail contemporaine. Ce pays cesse d'être un découpage empirique et devient un objet à partir du moment où il commence à être analysé, en fait, comme une formation socio-spatiale. Ainsi, je n'ai pas cherché une analyse de « l'Afrique dans le monde » comme moyen d'éviter des généralisations séduisantes.

Formation socio-spatiale et *combinaisons*

Développé dans les années 1970, le concept de formation socio-spatiale est signalé comme l'une des principales contributions de Santos à la science géographique (Mamigonian, 1996). Cette contribution, à son tour, relève du concept marxiste de formation socio-économique, qui propose d'établir une lecture historique des spécificités de l'évolution des modes de production à travers le monde ; permettant ainsi une analyse de l'évolution différentielle des sociétés et de leurs économies (Santos, 1977).

À l'époque, l'argument de Santos était que l'espace – généralement relégué au second plan dans les analyses de nombreux économistes, sociologues et politologues – jouait aussi un rôle central dans le développement des particularités nationales des modes de production. L'auteur a assuré que :

> Les différences entre les lieux résultent de l'agencement spatial de modes de production particuliers. La « valeur » de chaque lieu dépend des niveaux qualitatifs et quantitatifs des modes de production et de leur combinaison (Santos, 1977, p.87).

Les spécificités des manières dont les sociétés développent leurs bases matérielles (et leurs systèmes d'échanges) auraient donc une adhésion à l'espace dans lequel elles se développent. Il est intéressant de noter qu'au XIXe siècle, Humboldt a rédigé son « Essai politique sur l'île de Cuba », dans lequel il a attiré l'attention sur la combinaison de l'humain (associé à la démographie) et du physique (associé à l'emplacement et aux conditions éléments du terrain) dans la configuration des activités économiques sur l'île, notamment l'agriculture et le commerce (Humboldt, 1998).

La notion de « combinaison » a donc longtemps été au cœur du développement de l'analyse géographique. Cette notion est approfondie par Cholley qui, au milieu du XXe siècle, assure que l'analyse économique et sociale d'un espace donné doit reposer sur la combinaison d'éléments d'ordre humain et naturel (Cholley, 1946). Ainsi, il appartiendrait à l'enquêteur d'identifier non seulement les éléments qui se combinent historiquement en un lieu donné, mais aussi le poids qu'ils jouent dans cette combinaison ; concrètement, cela signifie qu'un géographe qui entend étudier l'économie cacaoyère au Ghana, par exemple, doit comprendre non seulement les rapports de production et les forces productives de l'activité, mais aussi les conditions naturelles du pays.[1] Lors de réunions d'orientation successives ces dernières années, Mamigonian a affirmé que, de manière générale, ces combinaisons pouvaient être comprises comme une « lecture géographique » des « déterminations multiples » proposées par Marx dans son « Introduction à la critique de l'économie politique » (Marx, 2008).

Avec l'expansion du système capitaliste – de l'entreprise coloniale aux Amériques (XVIe siècle) et en Afrique et Asie (XIXe siècle) – les spécificités des modes de production répandus dans le monde sont progressivement devenues la cause et la conséquence d'interdépendances et de relations hiérarchiques entre les lieux. La consolidation de la périphérie de ce système signifiait que de grandes parties de la planète ont commencé à avoir une grande partie de leurs économies (ainsi que leurs espaces et leurs sociétés) organisées selon des intérêts en dehors de leurs frontières.

Par conséquent, comprendre l'insertion contemporaine du Ghana dans l'économie mondiale est une tâche qui ne peut se faire sans prendre en compte l'histoire de cet espace et de sa société.

Dans le cas brésilien, également à la périphérie du système, Rangel (1999) a identifié une véritable dualité dans la structure de la formation économique du pays, un produit historique et, par conséquent, une dialectique des intérêts extérieurs et nationaux. Je ne saurais négliger l'analyse de cet économiste dans ce livre, puisque l'universalité des présupposés présents dans son œuvre – « chaque réalité concrète est particulière et dans chaque particularité l'Univers est présent » (Rangel, 1999, p. 25) – permettait que j'organise l'objectif principal de cette

---

[1] La nature, comprise dans ses propres dynamiques et lois, forme de véritables géosystèmes (Bertrand, 2007), qui sont des ensembles physico-biologiques – visibles comme des paysages – qui se développent dans la combinaison spécifique d'éléments géologiques, géomorphologiques, climatologiques, hydrographiques et pédologiques, qui permettent le développement d'une faune et d'une flore particulière.

recherche. C'est cette dualité qui a permis de comprendre que l'organisation du mode de production au Ghana se fait non seulement en termes d'intérêts extérieurs, mais aussi d'intérêts locaux et nationaux.

Ainsi, opérant la dialectique entre intérêts extérieurs et intérêts intérieurs, l'État et l'exercice de sa politique sont, dans l'analyse proposée ici, fondamentaux. Considérant l'espace dans lequel l'État projette ses rapports de force (Raffestin, 1993), le territoire national configure une unité élémentaire pour révéler les particularités des combinaisons entre les rapports de production et les forces productives. De plus, cette unité fait partie d'une division internationale du travail (ci-après DIT) – une catégorie qui définit les relations d'interdépendance économique entre les pays en ce qui concerne les processus de production, de circulation, de distribution et de consommation – dans laquelle se configurent de nombreuses hiérarchies géopolitiques.

Au fur et à mesure que le DIT contemporain s'est approfondi avec le développement de l'environnement technico-scientifique-informationnel (Santos, 1996) – qui a assuré, depuis les années 1970, une plus grande vitesse de différents types de flux matériels et immatériels – des expressions socio-économiques émergent qu'elles semblent masquer l'état des hiérarchies géopolitiques précitées. Tout se passe comme si les prérogatives de l'impérialisme, proposées par Lenin au début du XXe siècle (Lenin, 1986), étaient résolues à l'aube du XXIe siècle. Mamigonian aborde cette question en prêtant attention au terme de « mondialisation », largement utilisé depuis les années 1980 :

> [...] Selon les néolibéraux, la « mondialisation », expression d'un usage courant et massif, est la nouveauté qui explique le monde actuel. Elle entend nier le jeu des intérêts nationaux et, comme pour les pays sous-développés, considère comme hors de propos les relations centre-périphérie intrinsèques au système capitaliste, relations qui peuvent être analysées dans une vision plus modérée ou dans une vision plus

> radicale (marxiste). Comme pour le sous-développement ou les crises économiques, la « mondialisation » ne serait-elle pas un impérialisme déguisé ? Le concept d'impérialisme, dès le début du 20e siècle, a été atténué à l'économie-monde par les modérés (I. Wallerstein, G. Arrighi, etc.) et plus adouci à la « mondialisation » par les néolibéraux (Mamigonian, 2001, p.4).

Comprendre le rôle de la formation socio-spatiale ghanéenne dans la division internationale du travail contemporaine n'a pas pour but ici d'être l'otage des nombreux efforts pour atténuer et adoucir les structures géopolitiques et économiques internationales, auxquels Mamigonian se réfère.

Le processus historique vécu par le Ghana est précédé de plus de six décennies de contrôle colonial britannique. La souveraineté n'a été expérimentée sur ce territoire qu'à partir de la fin des années 1950. Au cours des deux décennies suivantes, une série de politiques nationales ont cherché à réorganiser le mode de production avec l'objectif explicite de développer l'économie et de subvertir le rôle du pays dans le DIT comme un exportateur de *commodities* et importateur de biens industriels ; caractéristique léguée par les impositions directes (entreprise coloniale) ou indirectes (agences de financement multilatérales) de l'impérialisme.

Considéré comme le principal représentant africain de l'engagement politique du soi-disant Tiers-Monde dans les années 1950 et 1960 – sous la houlette de Nkrumah – le Ghana fait aujourd'hui partie du groupe complexe et multiforme des pays du Sud, qui intègre un large spectre de territoires qui, pour la plupart, ont transité le 20e siècle dans la condition de périphérie du système capitaliste et qui, aujourd'hui, recherchent des stratégies horizontales (coopération Sud-Sud) de repositionnement dans l'économie internationale.

L'élaboration de la recherche

« De l'or contre des déchets » est une synthèse de la thèse défendue dans ce livre. D'après les études que j'ai développées ces dernières années, l'insertion du Ghana dans l'économie mondiale contemporaine se caractérise non seulement par l'exportation de *commodities* – un thème largement étudié dans les pays du Sud – mais aussi par l'importation d'objets manufacturés (surtout de deuxième génération). Dans le cas des objets électroniques jetés par les pays du Nord et importés par le Ghana, il existe un processus d'extraction et de recyclage de leurs ressources minérales à partir de leurs engins, qui est opéré dans des conditions de travail précaires. Ces ressources, à leur tour, sont exportées et réintègrent les stades productifs des pays industrialisés d'Europe et d'Asie. Ainsi, j'ai appelé ce processus « la *recommodification* de l'économie », donc je pense qu'il s'agit d'un élément d'importance structurelle qui devrait être pris en compte dans la plupart des analyses de la division internationale du travail contemporaine.

Pour construire cette recherche, il a été nécessaire d'utiliser un ensemble de procédures méthodologiques qui incluaient fondamentalement l'enquête et l'analyse de données qualitatives et quantitatives obtenues à partir de différents types de sources primaires et secondaires.

Les sources secondaires comprenaient des livres, des articles universitaires, des articles journalistiques, des annuaires statistiques, des lois et des décrets (du gouvernement ghanéen). Les données quantitatives et qualitatives contenues dans ces sources et présentées dans cette étude sont les plus récentes parmi ce qui a été mis à disposition par les instituts de recherche socio-économique au Ghana et dans d'autres pays, ayant vu la date de publication de la première édition de ce livre, en 2022. Cependant, la collecte et l'interprétation de ces données ont lieu depuis 2013, donc la plupart d'entre elles ont été obtenues pendant : un mois à l'Université *du Ghana* à Accra (Ghana) en

2013 ; deux mois à la *British Library* à Londres (Royaume-Uni) en 2014 ; un an en tant que chercheur invité à l'*University of California,* à Berkeley (États-Unis) entre 2015 et 2016 et un an en tant que chercheur invité à la *London School of Economics,* à Londres (Royaume-Uni) entre 2019 et 2022. Ces institutions ont une collection large et diversifiée, physique et numérique, avec un nombre volumineux de publications actuelles et anciennes écrites principalement en langue anglaise.

Des lectures de sources secondaires ont permis de comprendre l'histoire du pays, qui a été correctement contextualisée dans les processus historiques internationaux. En outre, il a également été possible de construire une cartographie économique contemporaine du Ghana, prenant en compte les conditions naturelles du territoire, ainsi que la répartition de la population, des activités productives et des infrastructures.

L'enquête sur les données provenant de sources primaires a eu lieu dans le cadre de travaux de terrain menés en 2013 et 2016. Dans les deux expériences, j'ai appliqué des entretiens ouverts à travers le pays avec diverses institutions (ministères, associations professionnelles, entreprises publiques et privées) qui travaillent dans l'économie nationale. Beaucoup de ces entretiens ont été programmés des mois à l'avance, tandis que d'autres sont apparus spontanément, en fonction des possibilités *in loco.*

Parallèlement, j'ai dressé le registre des paysages ghanéens sous forme de description dense (Geertz, 1973) et de photographies. Le travail de terrain a couvert 8 des 10 régions du pays (figure 1).

En janvier 2015, j'ai également visité le port d'Anvers (Belgique), qui représente un point d'articulation important pour le flux commercial international ghanéen. De manière générale, les expériences observées et vécues sur le terrain constituent, à mon sens, des éléments clés de ce livre.

Le travail né de la conjonction de sources primaires et secondaires – et nourri par les conseils féconds de

Mamigonian et de Watts – a permis l'émergence d'une thèse qui, une fois transformée en livre, s'organise en quatre chapitres.

Dans le chapitre 1, **Ghana dans le temps, Ghana dans le monde,** j'ai établi une chronologie des différentes formes d'insertion de cette formation socio-spatiale dans l'économie mondiale. Il est intéressant de noter qu'au moins depuis le XIIe siècle, plusieurs territoires d'Afrique de l'Ouest – et d'autres régions du continent – étaient déjà structurellement insérés dans des circuits commerciaux intercontinentaux, qui ont influencé, dans une large mesure, les de nombreux clans, royaumes et empires.

Dans le chapitre 2, **L'espace économique du Ghana au début du 21e siècle,** j'ai cherché à cartographier la répartition des activités économiques dans le pays. De plus, j'ai cherché à analyser de telles activités, en prêtant attention non seulement au dynamisme de la production, mais aussi de la circulation et de la distribution sur le territoire. Il était essentiel, dans ce chapitre, de présenter les types de capitaux qu'ils engagent dans le pays – étatique, privé étranger et privé national (à grande ou petite échelle) – et les manières dont ils interagissent et établissent, de manière générale, leur dynamisme.

Dans le chapitre 3, **Les exportations et les circuits spatiaux de la production des *commodities*,** j'ai analysé les exportations du Ghana, **en** me basant sur les circuits spatiaux de production d'or, de manganèse, de bauxite, de diamant, de pétrole et de cacao, qui sont aujourd'hui les principales *commodities* ghanéennes. L'analyse en circuits a permis d'établir une lecture spatiale du processus de production, de circulation et de distribution de ces biens, qui, en fait, correspondent aux matières premières qui circulent dans des processus de production plus larges, se déroulant à l'échelle internationale (Santos, 1986 ; Arroyo, 2001 ; Castillo ; Frederico, 2010). L'analyse a également considéré les relations de production dans chacune des activités, en prêtant attention aux relations entre les différents types de capital impliqués dans le processus.

Le chapitre 4, **Les importations et circuit spatial de production des *recommodities*,** est le moment où j'analyse la liste des importations ghanéennes de ces dernières années. Cette analyse m'a conduit à importer des biens d'occasion – surtout électroniques – qui donnent lieu, dans l'espace urbain du pays, à des activités responsables de la *recommodification* de l'économie.

Enfin, les Considérations finales visent un effort de synthèse. **De l'or contre des déchets** représente la contribution que je cherche à apporter aux débats sur la division internationale du travail et sur les formes inégales et conjuguées (Trotsky, 1978) d'insertion des pays du Sud dans le système capitaliste contemporain. J'espère que le texte suscite de nombreuses réflexions et questions auprès des lecteurs. Il y a encore beaucoup de travail à faire et la géographie brésilienne ne peut se limiter à sa frontière nationale ni à l'univers complexe latino-américain. Notre manière particulière d'analyser le monde doit toujours être élargie. Il doit traverser l'Atlantique, l'océan Indien, le Pacifique et tout autre type de contrainte qu'ils essaient de nous imposer.

Chapitre 1

LE GHANA DANS LE TEMPS, LE GHANA DANS LE MONDE

« La tête de la statue en bronze originale du Dr Kwame Nkrumah, qui se tenait devant l'ancien bâtiment du Parlement à Accra, a été vandalisée le 24 février 1966, lors du coup d'État de l'armée et de la police. Il a été récupéré et présenté par un citoyen patriote à l'Information Services Department, qui a autorisé sa diffusion dans le parc le 28 mai 2009 ».

Ce texte est écrit sur un bloc de marbre d'environ un mètre de haut. Au-dessus de lui se trouve-t-elle, la tête susmentionnée de celui qui fut le leader de l'indépendance ghanéenne. À côté de la tête se trouve le reste du corps de la statue originale. Sculpté dans le bronze : chemise, pantalon, chaussures et rien sur le cou. Le bras gauche, également vandalisé en 1966, est toujours porté disparu aujourd'hui.

C'est le premier contact que l'on a avec Nkrumah en entrant dans le *Kwame Nkrumah Memorial Park* au centre d'Accra, la capitale du pays. Prenant le contexte de la ville, la zone du parc est vaste, relativement boisée et abrite le mausolée du chef, une autre statue en bronze du chef et un musée avec certains de ses objets personnels (vêtements, chaussures, chapeaux, meubles, photographies et voitures).

L'une des journées les plus célébrées de Nkrumah fut certainement le 6 mars 1957, lorsque le monde observa son discours d'indépendance politique vis-à-vis du joug colonial britannique : à partir de cette date, ce n'était plus une colonie de la « Gold Coast » – dénomination pour le territoire en question – mais plutôt du Ghana, en référence claire au grand empire ouest-africain qui avait atteint sa splendeur au XIIe siècle. Le mot « Ghana », de la langue soninquê, signifie « roi guerrier ».

C'est le début institutionnel de l'État, mais pas le début de l'insertion de larges pans de cette formation socio-spatiale dans les circuits commerciaux à longue distance, même parce que de nombreuses caractéristiques du mode de production du pays sont des héritages matériels, normatifs et culturels de fois jusqu'en mars 1957.

La construction, la destruction et la reconstruction de l'image du plus grand leader national ghanéen ne révèle qu'une partie de la complexité historique du pays. Les périodes avant et après 1957 ont laissé des traces profondes dans ce territoire de l'Afrique de l'Ouest, de sorte qu'il n'est pas possible d'analyser les insertions de cette formation socio-spatiale dans la division internationale du travail (DIT) contemporaine sans, auparavant, prêter attention à ses insertions dans l'économie mondiale.

1.1. Les insertions de l'Afrique de l'Ouest dans le commerce transsaharien à l'époque précapitaliste

Consolidé par des marchands d'origine arabe et berbère tout au long du XIIe siècle, le commerce transsaharien a représenté la première forme d'insertion – continue et régulière – de l'Afrique de l'Ouest dans un circuit commercial à longue distance. Ce circuit reliait les biens produits sur les territoires de la région aux marchés situés sur la côte méditerranéenne du continent africain, eux-mêmes associés aux marchés européens et asiatiques.

La fonction principale de l'Afrique de l'Ouest dans ce circuit était l'extraction et la commercialisation de l'or, qui se trouvait à Burem et à Ashanti, situés respectivement dans les territoires actuels de la Guinée et du Ghana. D'autres marchandises (noix de cola, ivoire, textiles et esclaves) étaient également exportées de la région. À contre-courant, il importait : du sel ; cauris ; les produits alimentaires tels que le blé et les figues sèches ; les chevaux ; soies ; métaux, tels que le cuivre, le fer, l'argent et le plomb, pour faire face à toute crise d'approvisionnement de la métallurgie locale et ; des esclaves de différentes origines, comme les Turcs, les Arabes et les Éthiopiens (Davidson, 1985 ; Niane, 2010 ; M'Bokolo, 2012).

En plus d'avoir collaboré au processus d'amélioration des techniques d'extraction et de traitement de l'or, ce circuit commercial a généré de profonds impacts sur les systèmes politiques de la région, permettant l'émergence de certains des empires les plus importants du continent,[2] dont l'expansion était liée à la fonction d'intermédiaire commercial entre les produits qui venaient du désert, au nord, et ceux qui venaient des savanes et forêts, au sud (Davidson, 1985).

Dans la zone de l'Afrique de l'Ouest où se situe actuellement le Ghana, les sociétés organisées en clans ou en royaumes prédominaient : les premières avaient peu de stratification sociale et la production visait principalement à la subsistance ; ces derniers avaient une structure sociale verticale et une production destinée non seulement à la subsistance, mais aussi au commerce. Le premier de ces royaumes (Mamprusi, Dagomba, Namumba et Gonja) a émergé au XIIe siècle – dans les savanes situées au nord de la Volta – et s'est intimement intégré à la dynamique du circuit commercial transsaharien. Ce n'est qu'au XVe siècle – dans les forêts situées au sud-ouest de la Volta – que les autres royaumes, tels que Bono-Manso et Akan (Boahen, 1975).

[2] Parmi ces empires, on peut citer : le Ghana, qui était en vigueur entre l'IXe et le XIIIe siècle ; le Mali, qui a duré entre le XIIIe et le XIVe siècle ; et Songhaï, qui a duré entre le XIVe et le XVIe siècle. Tous ces empires se sont développés dans les zones de savane et détenaient un monopole sur l'or – de son extraction à sa circulation et à sa commercialisation – déterminant la valeur marchande du métal (en contrôlant la quantité de produit qui serait vendue). De plus, les empereurs cachèrent aux marchands arabo-berbères l'emplacement des gisements d'or (Davidson, 1985).

Le commerce transsaharien a perdu une partie de sa vigueur à partir de la fin du XVe siècle et du début du XVIe siècle pour deux raisons principales : avec l'expansion des États européens et de l'Empire ottoman, au XVe siècle, les Arabes ont perdu des points commerciaux stratégiques en la mer Méditerranée et dans la mer Rouge et ; avec le développement des caravelles portugaises, la technologie navale européenne a pu transporter une plus grande quantité de marchandises que les chameaux des caravanes arabo-berbères, modifiant ainsi l'axe des plus grands flux commerciaux (Malowist, 2010 ; M'Bokolo, 2012) et rendant le développement du commerce atlantique, qui représente une expansion effective du capitalisme mercantile.

Contrôlé par les nations européennes, ce circuit commercial structurait un DIT dans lequel les territoires d'Afrique de l'Ouest étaient appelés à remplir de nouvelles fonctions, en plus d'exporter de l'or et d'importer du sel.

1.2. Les insertions de l'Afrique de l'Ouest dans le commerce atlantique au temps du capitalisme mercantile

Le XVIe siècle a inauguré une période où la capture, l'esclavage et la commercialisation des hommes sont devenus la principale source de richesse pour de nombreux royaumes d'Afrique de l'Ouest, en particulier ceux situés dans les zones côtières entre les territoires actuels du Sénégal et du Cameroun. Les calculs des historiens estiment que le commerce atlantique était responsable de la transplantation territoriale d'au moins 12,5 millions d'Africains (Slave Voyages, 2022). Arrivés dans les Amériques comme esclaves, ces sujets ont été structurants dans le développement économique et politique de la plupart des colonies et pays américains (Lovejoy, 2002 ; Diagne, 2010).

À l'époque du capitalisme mercantile, les principaux produits importés d'Europe par les territoires d'Afrique de l'Ouest sont devenus des armes à feu et des munitions, qui assuraient la stabilité politico-militaire des royaumes de la région. Elle importait également : des tissus, du fer et du cuivre (d'Europe) ; et le manioc, le maïs et le brandy (des Amériques).

Parmi les royaumes qui ont rejoint ce circuit commercial, on peut souligner : Oyó, qui a émergé au milieu du XVIIe siècle sur le territoire nigérian actuel et ; Dahomey et Ashanti, qui ont émergé au début du XVIIIe siècle, dans les territoires actuels du Bénin et du Ghana, respectivement. En plus de capturer et de commercer des captifs, ces royaumes ont également utilisé le travail d'esclave comme principale composante de la main-d'œuvre dans leurs propres domaines de production agricole et d'extraction de ressources naturelles, montrant la stratification de leurs sociétés (Lovejoy, 2002).

Le trafic atlantique se poursuivit vigoureusement jusqu'au XIXe siècle, lorsqu'un nouveau cycle d'expansion et d'internationalisation du système capitaliste – désormais centré sur le capital industriel et le travail salarié – fut chargé de générer de nouvelles transformations dans le DIT. Peu à peu, la traite négrière et l'esclavage ont été combattus par les nations européennes ; les mêmes qui, au cours des siècles précédents, avaient promu et profité aux dépens de ce circuit commercial à longue distance.

1.3. Les insertions ouest-africaines dans le DIT à l'heure du capitalisme industriel

Face au nouveau scénario, de nombreux royaumes ouest-africains ont choisi de réajuster leurs économies à la lumière des nouvelles exigences du marché européen, même s'ils avaient conservé la main-d'œuvre esclave sur leurs territoires. La diversification productive qui s'est opérée dans la région tout au long du XIXe siècle s'est faite grâce à la culture de plantes oléagineuses – notamment l'huile de palme et l'arachide –, qui produisaient des substances lubrifiantes essentielles pour le fonctionnement des usines d'Europe occidentale. Cette production a eu lieu dans des propriétés de monoculture, tandis que l'exploration et l'exportation de ressources naturelles – comme le bois, le latex et l'or – se sont également intensifiées au cours de la période (M'Bokolo, 2012).

En ce qui concerne les importations, peu de changements ont été observés. En effet, le développement de l'industrie européenne a fini par augmenter la production et faire baisser le prix de plusieurs produits importés par la région, tels que : les armes à feu ; tissus de coton et de laine et ; des boissons telles que le gin (Wallerstein, 2010 ; M'Bokolo, 2011).

Ainsi, appelés à jouer un nouveau rôle dans le DIT, les territoires ouest-africains ont réorganisé leurs forces productives tout au long du XIXe siècle. Une composante structurelle de cette réorganisation se retrouve également dans le cadre des rapports de production : à la fin du même siècle, les territoires de la région, ainsi que ceux de l'ensemble du continent, sont asservis par les grandes puissances impérialistes d'Europe occidentale, qui a établi le système colonial qui a duré jusqu'au milieu du XXe siècle et, dans certains cas, jusqu'aux années 1980.

1.3.1. L'expansion du système colonial européen et la formation de la Gold Coast

Par la colonisation, les puissances européennes contrôlaient efficacement les ressources et les forces productives de la plupart des territoires du continent africain,[3] en plus d'avoir élargi le marché de consommation de leurs produits manufacturés.

---

[3] Les seuls territoires qui n'ont pas été colonisés sur le continent africain étaient l'Éthiopie (Afrique de l'Est) et le Libéria (Afrique de l'Ouest). La première formation socio-spatiale a enregistré une occupation italienne entre 1936 et 1941, tandis que la seconde a été fondée par d'anciens esclaves d'origine américaine et caribéenne, en 1847.

Bien que l'expansion européenne en Afrique remonte au milieu du XIXe siècle,[4] la Conférence de Berlin (1884-1885) fut considérée comme le point de départ de la colonisation sur le continent. Il est important de souligner que, même d'une durée plus courte que la période du commerce atlantique, la colonisation a également entraîné des transformations structurelles, puisqu'elle a complètement remplacé les modes de production et les systèmes politiques locaux (Ki-Zerbo, 2006).

Afin de résoudre d'éventuels différends territoriaux, la Conférence de Berlin stipulait que toute nation européenne qui prendrait possession d'un territoire sur la côte africaine (ou assurait un protectorat) devait en informer les autres pays européens présents à la Conférence, afin qu'ils ratifient les revendications en question. De plus, la possession d'une zone côtière entraînerait le domaine de son intérieur (l'*hinterland)* sans limite territoriale définie. Ainsi, une nouvelle carte politique de l'Afrique a été tracée à partir de 1885, dans laquelle le nombre de lignes droites, tracées sans tenir compte des frontières des États qui y existaient, attirait l'attention. Différentes stratégies ont été adoptées pour que l'inauguration susmentionnée ait lieu, notamment des traités entre dirigeants européens et africains ou des traités uniquement entre dirigeants européens.[5]

---

[4] Pendant la majeure partie du XIXe siècle, les Européens n'ont pas fait courir de réels risques à la souveraineté des dirigeants africains, car ils ne fréquentaient que les zones portuaires des côtes atlantiques et indiennes, représentant des intérêts plutôt privés que ceux de leurs États. Généralement, ils possédaient des fortifications, des comptoirs et quelques colonies d'exploration (comme les Portugais sur le territoire actuel du Mozambique et de l'Angola, les Britanniques sur le territoire actuel de la Gambie et les Français sur le territoire actuel du Sénégal) (Brunschwig, 1974). Jusqu'en 1880, environ 80% de l'Afrique était contrôlée par des Africains. (M'Bokolo, 2011).

[5] Les traités entre Européens et Africains ont contraint les dirigeants locaux à renoncer à leur souveraineté en échange d'une protection ou d'un engagement à ne conclure aucun traité avec une autre nation européenne. Les traités entre Européens, en revanche, ont servi à réguler

Sur la côte de l'actuel territoire du Ghana – appelé Gold Coast en raison des exportations du minerai par les États qui s'y trouvent – la présence européenne remontait à l'époque du commerce atlantique. Cependant, au début du XIXe siècle, les Britanniques ont cherché à accroître leur présence dans cette zone, avec l'objectif clair de contrôler le mouvement des marchandises des zones de production agricole et d'extraction minière – qui étaient du domaine des États locaux – vers les zones portuaires, où ils exerçaient déjà un contrôle effectif. Parmi ces États locaux, celui qui présentait les plus grandes difficultés à la consolidation de la puissance britannique était l'Ashanti.[6] Ce royaume – dont l'expansion depuis sa capitale, Kumasi, a eu lieu entre 1700 et 1750 – a atteint la quasi-totalité du territoire actuel du Ghana, à l'exception de certaines zones à l'extrême nord et d'autres sur la côte, au sud, où ils ont localisé des états comme Fante (Boahen, 1975).

Les Britanniques ont mené une série de combats contre les Ashantis tout au long du 19e siècle,[7] le plus décisif d'entre eux

---

les prétendus désaccords territoriaux et, finalement, à ajuster les frontières au-delà des frontières naturelles ou ethniques précédemment existantes (Uzoigwe, 2010).

[6] Le royaume Ashanti était situé dans des zones boisées et contrôlait l'extraction et le traitement d'une grande partie de l'or de la région, ainsi que la production de noix de cola (importante pour approvisionner les territoires islamiques au nord). Le royaume disposait également d'une puissante armée, responsable des annexions de différents États, aussi bien dans les zones de savane (au nord) que dans les zones forestières et côtières (au sud). De plus, le royaume avait une structure politique vertical et bureaucratique, dans laquelle les postes publics (tels que les ministères) étaient accordés sur le mérite, et non sur l'hérédité (Boahen, 1975).

[7] Lors du premier combat, en 1824, les ashantis ont été victorieux et ont coupé la tête de Sir MacCarthy (alors gouverneur de la Sierra Leone et des colonies britanniques de la Gold Coast). Deux ans plus tard, en 1826, les Britanniques – alliés à certains États côtiers africains – ont remporté l'empire Ashanti lors de la bataille de Dodowa. En 1863, les Britanniques subissent une défaite humiliante, faisant de nombreuses victimes. Enfin, en 1873-1874, lorsque le royaume d'Ashanti organise une offensive pour conquérir les États côtiers de la Gold Coast au sud, ils finirent par subir

étant la guerre de 1874, quand il y eut le sac et l'incendie de Kumasi. Malgré les excellentes stratégies de combat des Ashantis – qui connaissaient mieux l'espace disputé – les Britanniques disposaient d'armes plus efficaces, donc cette supériorité instrumentale était aussi fondamentale pour la consolidation de l'impérialisme européen sur la plus grande partie de l'Afrique (Boahen, 1975 ; Uzoigwe, 2010).

La domination du Royaume-Uni s'est concrétisée à la fin des années 1880, avec l'annexion des territoires Ashanti, Ewe, Gonja, Dagomba et Mamprusi. Les états du sud étaient déjà convertis en colonies depuis 1874, sous le nom de « Gold Coast ». L'expansion de la puissance britannique – de la zone côtière vers l'intérieur – s'est également traduite par l'élargissement de l'administration coloniale, qui visait à garantir son autorité et sa juridiction sur l'ensemble du territoire. La mise en place des Conseils législatif et exécutif, de la Cour suprême, entre autres, a entraîné une augmentation des coûts d'entretien de la part de la métropole. Pour financer cette bureaucratie, des projets de fiscalité directe et indirecte ont été mis en œuvre dans la colonie à la fin du XIXe siècle, suscitant beaucoup de mécontentement chez les chefs traditionnels locaux – les anciens rois et chefs de clan – qui, bien que privés de la pleine souveraineté territoriale qu'ils auparavant détenues, elles jouissaient encore d'un prestige populaire.

Le système colonial britannique sur la Gold Coast était responsable de transformations structurelles à la fois dans les forces productives et dans les rapports de production des sociétés dominées. Les héritages matériels, normatifs et culturels légués par ce système dans la formation socio-spatiale ghanéenne sont profonds et donnent une perspective historique à l'analyse de son insertion dans le DIT contemporain.

---

une contre-offensive des Britanniques, qui pillèrent et brûlèrent la capitale Kumasi et détruisirent son armée (Boahen, 1975).

Tout d'abord, il convient de noter qu'en plus de maintenir l'extension territoriale de la période coloniale, le Ghana a également maintenu le système judiciaire et administratif fondé par les Britanniques. Entre la fin du XIXe siècle et le milieu du XXe siècle, ces systèmes ont été progressivement occupés par une classe intellectuelle urbaine et indigène, souvent appelée l'*intelligentsia.*[8] Cette classe, en plus de devenir un point de ralliement des griefs anticoloniaux, a offert à certains des principaux dirigeants politiques des gouvernements ghanéens tout au long de leur histoire.

La colonisation a intensifié l'entrée de la Gold Coast dans le mode de production capitaliste, ayant institué les *Land Bills* de 1894 et 1897, qui ont fait des terres improductives – en plus des forêts et des ressources minérales – la propriété de la Couronne britannique. Ainsi, les terres qui n'étaient pas encore exploitées par la population locale sont devenues la propriété de l'État capitaliste colonial et l'objet d'une commercialisation sur le marché foncier.

Au cours de la colonisation, l'organisation du commerce à longue distance a représenté le réaménagement des forces productives : de véritables circuits spatiaux de production se sont structurés en fonction de l'approfondissement du DIT, de sorte que des activités liées à la production et à

---

[8] Cette classe sociale était le produit de la diffusion de l'éducation occidentale menée – pendant des décennies – par des missionnaires chrétiens non seulement sur la Gold Coast, mais dans toute l'Afrique. L'incorporation servile des programmes européens y a été observée, ce qui a également généré une certaine dévalorisation et méconnaissance de la culture des nations locales par les classes urbaines qui s'y sont formées. Ce système éducatif (composé d'écoles primaires, secondaires et universitaires) visait à créer des cadres pour l'administration coloniale, ayant été responsable de la création d'une élite intellectuelle noire. Dialectiquement, cette classe, nettement urbaine, a été un élément central de la contestation du système colonial, surtout au milieu du XXe siècle, de sorte que nombre de ses membres ont même exercé des influences idéologiques libertaires tout en poursuivant une partie de leurs études en dehors de la Gold Coast, notamment au Royaume-Uni et aux États-Unis (Boahen, 1975).

l'exportation de matières premières ont été introduites dans certaines portions du continent. Sur la Gold Coast, il y a eu un investissement important des ressources britanniques pour la culture de produits agricoles – en particulier le cacao, ce qui a fait de la colonie le plus grand exportateur de cette denrée au monde, en plus des arachides, de l'huile de palme et du sisal – et l'extraction d'or, diamant, manganèse et bois.

Parallèlement, des infrastructures de circulation et de distribution ont été développées – autoroutes, voies ferrées et ports – pour la circulation des *commodities* produites. De telles infrastructures se sont consolidées au sud de la colonie, où s'articulaient zones de production et ports, tandis que le nord – marqué par une végétation de savane et sans la présence de ressources naturelles en quantités commercialisables – devenait moins intégré au dynamisme de l'économie internationale. Cette réalité n'était pas propre à la Gold Coast, car de nombreux territoires d'Afrique de l'Ouest ont développé des infrastructures de manière très sélective, contribuant à d'importants déséquilibres régionaux (Boahen, 1975).

En plus de l'impact sur l'économie, la colonisation était également responsable de l'augmentation de la population,[9] par la stratification sociale progressive[10] de celui-ci et,

---

9 La population de la Gold Coast passe de 764.000 en 1891 à 4 millions en 1948. Cette croissance est liée à la fin de l'esclavage, à la maîtrise des conflits et guerres régionaux et à l'amélioration des conditions de vie et de santé de la population (menée depuis la construction d'hôpitaux, de centres de santé et d'ouvrages d'assainissement de base dans les villes) (Boahen, 1975).

10 Avant la colonisation, il y avait essentiellement trois classes dans les royaumes de la région : l'aristocratie (des chefs traditionnels), les non-dirigeants et les esclaves (qui disparaît peu à peu avec les mesures anti-esclavagistes mises en œuvre par les Européens tout au long du 19ème siècle). On peut dire que la colonisation a donné naissance à trois nouvelles classes sociales : l'élite européenne, l'élite ghanéenne instruits et les travailleurs (salariés ou indépendants). Au fil du temps, les classes inférieures ont augmenté au sein de ces groupes: en haut est venu l'élite professionnelle instruite (l'*intelligentsia*), qui avait reçu l' éducation

principalement, par l'urbanisation (et ses infrastructures urbaines).[11]

1.3.2. La crise du système colonial et la Gold Coast vers l'indépendance

La crise du système colonial européen en Afrique a résulté d'un ensemble de facteurs internes et externes, de sorte que l'indépendance a été consolidée à partir du milieu du XXe siècle.

Durant l'entre-deux-guerres, plusieurs mouvements nationalistes africains ont émergé.[12] La plupart du temps, ces mouvements étaient influencés par des idéologies extérieures

---

occidentale; ci – dessous est venu les membres d'une classe moyenne inférieure (ou aussi appelé l'élite inférieure), formée par des enseignants, des membres du clergé, des petits commerçants, entre autres; ci – dessous étaient les autres employés, comme les aides-enseignants dans les écoles maternelles, commis, messagers, apprentis dans les ateliers, etc. Ensemble, ces trois sous – groupes formés les jeunes que l'on appelle *(youngmen)*, qui a été décisive pour les transformations politiques observées dans les années 1940 et 1950. C'est précisément l'émergence de cette classe sociale qui a fait le système colonial en question. Plus tard, avec le développement des travaux d'infrastructure dans tout le pays, une classe de travailleurs analphabètes ou semi-analphabètes a été formé, avec la présence de : briqueteurs, les mineurs, les petits agriculteurs dans les plantations de cacao, mécaniciens, chauffeurs, etc. (Boahen, 1975).

[11] Plusieurs villes se sont développées à partir des activités des forts et châteaux européens sur la côte de la Gold Coast. La croissance démographique dans les villes était associée à l'exode rural de la population à la recherche d'un emploi et d'une éducation. Cet afflux de personnes a également généré une ségrégation sociale marquée dans ces espaces urbains, séparant les Européens blancs des Africains noirs. Progressivement et sélectivement, dans les premières décennies du XXe siècle, des réseaux d'eau courante et d'électricité ont été mis en place dans les principales villes. En 1939, il y avait déjà 38 hôpitaux répartis dans la colonie (Boahen, 1975).

[12] Il est important de mentionner le scénario de récession économique résultant de la Grande Dépression de 1930, qui a opéré une dévaluation marquée des prix des matières premières (principal poste d'exportation des colonies africaines).

portées principalement par l'*intelligentsia* du continent, qui avait effectué ses études à l'étranger, comme déjà mentionné. La principale forme d'organisation des élites urbaines africaines était les associations culturelles et les groupes d'intérêt, dans lesquels différentes formes de résistance au système colonial étaient conçues, telles que les grèves et les émeutes (généralement, ces mouvements étaient caractérisés par leur caractère non violent) (Oloruntimethin, 2010).[13] Il est important de noter que, jusqu'à ce moment-là, les associations qui ont émergé en Gold Coast, comme le *Congress of British West Africa*, avaient pour objectif principal l'augmentation de la représentation des Africains dans le système politique colonial et pas sa subversion (Boahen, 1975).

Pendant la Seconde Guerre mondiale, il y a eu quelques améliorations économiques dans la colonie,[14] en plus de l'augmentation de la représentation africaine dans son administration. Cependant, l'avancée du contrôle britannique sur le commerce du principal *produit* colonial – le cacao – a provoqué la frustration de nombreux agriculteurs face au système. À cela s'ajoute la forte réduction des importations de produits européens – en raison de la récession économique causée par la guerre –, qui a provoqué la croissance de

[13] Les principaux objectifs des mouvements nationalistes de l'époque étaient : la fin de la privation des libertés politiques et sociales, la fin de l'exploitation des ressources humaines et matérielles au profit de maîtres étrangers et la fin du déni de la moyens et services qui pourraient servir la promotion sociale des sociétés colonisées (Hargreaves, 1991 ; Oloruntimethin, 2010).

[14] La guerre a accru l'exploitation des ressources naturelles et l'agriculture de la Gold Coast, notamment avec l'extraction de la bauxite et la production d'huile de palme (ce qui a également conduit à la construction de certaines infrastructures, comme des chemins de fer, pour transporter la production). Il y avait également une augmentation de la demande et de la production de noix de coco, de caoutchouc, de bois et de cacao (et certaines industries et ateliers se sont également développés au cours de la période, tels que la construction civile, le cuir, les meubles et les objets domestiques). Pour garantir la nourriture aux combattants, il y avait aussi un soutien du gouvernement pour la production agricole et animale.

l'inflation et, par conséquent, une série de mouvements populaires de boycott des produits étrangers. Un autre problème qui a provoqué le mécontentement local était le fait que les Africains recrutés par l'armée de la Couronne britannique pour aller faire la guerre à l'étranger n'avaient reçu aucune sorte d'assistance à leur retour dans la colonie (Rimmer, 1992).[15] Ainsi, le climat de bouleversement politique s'intensifie et les mouvements nationalistes de la Gold Coast commencent à revendiquer l'indépendance avec la célèbre devise : « Nous préférons l'autonomie avec danger au servage avec tranquillité ».

Dans la période d'après-guerre, le Royaume-Uni était affaibli dans le scénario géopolitique, notamment face au nouvel ordre mondial bipolaire, mené par l'Union soviétique et les États-Unis ; deux puissances favorables à la décolonisation du continent africain. La Seconde Guerre mondiale a également conduit à l'énonciation des principes de la Charte de l'Atlantique et à la fondation des Nations Unies, qui ont donné force aux mouvements anticoloniaux.[16]

Dans ce scénario de remise en cause du système colonial, deux partis politiques ont émergé en *Gold Coast* : l'*United Gold Coast Convention* (UGCC) et le *Convention People's Party* (CPP), fondés respectivement en 1947 et 1949.

En juin 1948, celui qui allait devenir le grand leader de l'indépendance ghanéenne, Kwame Nkrumah, travaillait

---

[15] Avec l'avènement de la Seconde Guerre mondiale, les colonies britanniques d'Afrique de l'Ouest ont fourni ensemble des contributions d'environ 930.000 livres : la Gold Coast a contribué plus de 361.000, le Nigeria plus de 409.000, la Gambie plus de 11.000 et la Sierra Leone avec plus de 148.000 (Boahen, 1975).

[16] Le troisième article de la Charte de l'Atlantique annonçait « [...] le droit de tous les peuples de choisir la forme de gouvernement sous laquelle ils veulent vivre ; et ils veulent que les droits souverains et l'indépendance soient restitués aux peuples qui en ont été privés par la force » (Carta do Atlantico, 1941). La Charte des Nations Unies, quant à elle, a précisé le principe de « l'autodétermination des peuples », tandis que l'Assemblée générale a également soutenu les luttes anticoloniales (Boahen, 1975).

comme trésorier de l'UGCC lorsqu'il fut arrêté avec les cinq dirigeants du parti. Accusés par le gouvernement colonial d'avoir fomenté des grèves et des boycotts, les six sont devenus les *Big Six*.[17]

Cependant, Nkrumah nourrissait un certain nombre de divergences idéologiques avec l'UGCC, principalement parce que le parti était composé principalement de membres de l'*intelligentsia* locale, alors que le jeune leader indépendantiste avait toujours eu des tendances politiques plus populaires,[18] ce qui le rendit très apprécié des classes populaires urbaines et rurales. Ainsi, en 1949, Nkrumah rompt avec l'UGCC et fonde le CPP qui, à caractère plus révolutionnaire, lance le slogan *« self-government now »* (Cappelaere, 2007).

Nkrumah s'est imposé comme le principal leader politique pour l'indépendance du Ghana. En effet, les tensions produites depuis la fin des années 40, à travers la *Positive Action Campaign*,[19] organisés par lui, étaient responsables de l'augmentation de la représentation africaine dans le pouvoir exécutif et législatif colonial. Ainsi, en 1951, la Gold Coast était devenue la première colonie britannique en Afrique à accéder à l'autonomie gouvernementale, sous la direction de

---

[17] En plus de Kwame Nkrumah, les cinq autres membres des *Big Six* étaient : Ebenezer Ako-Adjei, Edward Akufo-Addo, Joseph Boakye Danquah, Emmanuel Obetsebi-Lamptey et William Ofori Atta.

[18] Après sa trajectoire d'études (en éducation, sociologie et théologie) dans des universités américaines et britanniques (où il est entré en contact avec le panafricanisme et les idéologies marxistes), Nkrumah est retourné en Gold Coast, où il a mené diverses activités politiques. À l'UGCC et approfondit sa connaissance des problèmes de la colonie – notamment au travers de ses déplacements couvrant différentes parties du territoire –, ce qui lui garantit sympathie et soutien des classes populaires de la Gold Coast (Cappelaere, 2007).

[19] La *Positive Action Campaign*, dirigée par Nkrumah, consistait en une série de protestations et de grèves contre le système colonial. De plus, des boycotts ont été menés sur les produits européens importés dans la colonie. Malgré leur caractère explicitement non-violent, les manifestations se sont finalement transformées en émeutes, qui ont été fortement réprimandées par le gouvernement colonial (Boahen, 1975).

Nkrumah – faisant de lui le *leader of government business* (une sorte de ministre des Finances) – et du CPP. En plus de travailler à l'indépendance politique complète, obtenue le 6 mars 1957, le gouvernement a mis en place d'importantes politiques économiques[20] et sociale[21] encore sous le régime

---

[20] Sur la base des réserves financières accumulées pendant et après la Seconde Guerre mondiale (dans un contexte de prix du cacao a augmenté sur le marché étranger), il était possible de mettre en œuvre la soit -disant du plan de développement quinquennal, ainsi qu'un plan d'accélération pour l'éducation, qui a coûté 120 millions GDP. Les politiques économiques de ce plan ont cherché à : relancer la production de cacao ; et mettre en œuvre le *River Volta Project* (qui avait été discuté depuis les années 1920 et qui vise à la construction d'un barrage, dont l'énergie produite répondrait aux exigences de l'extraction de la bauxite et de l'avenir industrie de l'aluminium). En outre, environ 35% du budget du projet a été affecté à des travaux d'infrastructure, tels que: la construction de routes; début de la construction de la route côtière entre Accra et Takoradi; expansion du port de Takoradi; début de la construction du port de Tema; construction de la voie ferrée reliant Akyease à Takoradi (ce qui réduit la distance Takoradi-Accra de 262 km); achèvement de la construction de l'autoroute Accra-Kumasi Tamale-Bolgatanga (principale artère nord-sud dans le pays); et l' achèvement du pont Adomi (sur la rivière Volta) (Boahen, 1975, Rimmer, 1992).

[21] Les politiques sociales faisaient également partie du plan de développement quinquennal. En ce qui concerne les politiques du logement, les maisons ont été construites grâce à des projets de logements coûtant environ 2,5 millions de livres et qui ont été mises en œuvre dans les villes d'Accra, Cape Coast, Sekondi-Takoradi et Kumasi (le gouvernement a également retenu les services d'une entreprise de maison préfabriquée néerlandaise). De plus, il y avait la mise en œuvre d'une politique de financement du logement (qui a fait 2 millions de GBP disponibles) et les travaux d'assainissement de base ont également été réalisées, en particulier dans les zones urbaines. En ce qui concerne la santé, il convient de mentionner la construction de l'hôpital Kumasi (à un coût de 1,5 millions de livres). Enfin, dans le cas de l'éducation, le gouvernement a garanti une éducation gratuite et obligatoire pour les enfants âgés de 6 à 12 ans. En outre, il a subventionné certaines écoles missionnaires et a autorisé les conseils locaux à créer leurs propres écoles. Dans l'ensemble, le nombre d'enfants inscrits dans le système éducatif est passé de 212.000 GBP en décembre 1950 à 270.000 GBP en janvier 1952. Les dépenses d'éducation primaire est passé de 207.500 GBP

colonial (Wallerstein, 1964 ; Boahen, 1975 ; Rimmer, 1992 ; Cappelaere, 2007).

1.4. Les efforts de subversion de la formation socio-spatiale ghanéenne dans le DIT entre 1957 et 1983

L'indépendance du Ghana a également représenté le début d'un effort pour subvertir le pays au sein du DIT. Entre la fin des années 50 et le début des années 80, la plupart des politiques économiques mises en œuvre au Ghana visaient à diversifier et nationaliser les forces productives du pays, notamment dans le secteur industriel, avec la politique de substitution des importations. Ainsi, même si l'agenda d'exportation a été maintenu autour des produits agricoles et minéraux, les importations traditionnelles de biens de consommation manufacturés sont devenues moins nécessaires en raison du développement de l'industrie locale, qui avait été boycottée par l'administration coloniale.

Le scénario des premières années après l'indépendance a révélé que la plupart des activités économiques au Ghana appartenaient à des sociétés européennes opérant dans le pays : 90 % des sociétés d'importation ; 96 % des concessions forestières ; 100 % des concessions pour l'exploration aurifère ; 50 % des concessions d'exploration de diamants ; et pratiquement 100 % des banques et des compagnies d'assurance, les banques britanniques contrôlaient donc 90 % de la finance (Boahen, 1975).

Seule la production agricole était majoritairement sous contrôle ghanéen, malgré le fait que la majeure partie de la distribution et de la commercialisation des graines de cacao était sous le contrôle de sociétés étrangères, telles que l'*United*

---

en 1950-1951 à plus de 900.000 GBP dans le gouvernement a également fourni 16 écoles de formation des enseignants en 1952. Le nombre d'écoles secondaires a également augmenté, passant de 13 en 1951 à 31 en 1955. Le financement de la *University of Gold Coast a* été budgétisé à 1,5 million GBP (Boahen, 1975, Rimmer, 1992).

Africa Company (fondée en 1929), *Cadbury* (fondée en 1824) et *Fry* (fondée en 1822) ; et la *Compagnie Française de l'Afrique Occidentale* (fondée en 1887). Face à cette situation, le gouvernement a lancé un ensemble de politiques – progressives et sectorielles – visant à nationaliser l'économie, de sorte que ce processus s'est accéléré à partir des années 1960 (Boahen, 1975).

Dans les premières années du gouvernement de Nkrumah (photo 1), il y a eu une augmentation de la participation nationale à la commercialisation du cacao, avec la création de la *Ghana Farmer's Market Cooperative* (en 1957) et de la *Cooperative Marketing Association* (en 1960), qui ensemble sont venues de dominer plus de 50 % du marché de ce qui était la plus grande source de devises du pays. Par ailleurs, la participation nationale au secteur bancaire s'est accrue, avec l'action conjointe de la *Ghana Commercial Bank* (1952) et de la *Ghana Bank* (1957), qui contrôlent désormais 40 % des portefeuilles de dépôts et 50 % des portefeuilles de crédit (en 1960).

En 1963, le gouvernement a lancé le *Seven-Year Development Plan,* le 7YP, qui était notoirement adhérent aux plans économiques socialistes.[22] Le 7YP a cherché à réduire la participation des capitaux privés dans l'économie, qu'ils soient nationaux ou étrangers. Environ 63 % du budget du plan a été consacré au développement des infrastructures et des services, le reste étant directement lié au financement de la production agricole et industrielle. Boahen (1975) et Rimmer (1992) ont relevé les principaux effets de ce plan économique :

- Dans l'agriculture, le gouvernement a créé la *State Farms Corporation,* qui a établi un ensemble de fermes d'État sur le territoire ;

---

[22] Dans l'analyse de Hutchful, le socialisme de Nkrumah, aussi appelé Nkrumaïsme, serait une forme particulière d'idéologie dans laquelle se mélangeaient paternalisme colonial, nationalisme, panafricanisme, marxisme moderne, l'État-providence et le communautarisme et redistribution traditionnels ghanéens (Hutchful, 2002).

- Dans le domaine minier, le gouvernement a fondé la *State Mining Corporation* en 1961 (qui gère désormais 6 des 7 mines) et l'*Accra State Diamond Corporation* (qui gère désormais l'ensemble des mines de diamants, auparavant gérées par des entrepreneurs africains ou par la société *néerlandaise Dutch Diamond Company)*. En 1965, une seule société aurifère étrangère (*Ashanti Goldfields)* et trois sociétés diamantaires privées (CAST, AYCO et *Akin Concessions)* étaient encore en activité ;
- Dans le secteur manufacturier, le nombre d'entreprises publiques est passé de 13 à 22 (entre 1960 et 1965), et 20 autres étaient en cours de création à l'époque ;
- Dans la construction civile, le gouvernement a fondé la *State Construction Corporation* en 1962 et, en 1964-1965, l'entreprise était déjà responsable de 75 % de la construction du gouvernement ;
- Dans le secteur de l'énergie, il y a eu l'inauguration du barrage d'Akosombo, sur la Volta (qui faisait partie du *Volta River Project)*, en 1965 ;
- Dans la finance, à partir de 1962, le gouvernement a rendu obligatoire l'ouverture d'un compte à la *Ghana Commercial Bank* pour tout citoyen sollicitant un crédit à la consommation. De plus, cette banque était aussi la seule avec laquelle les acheteurs internationaux de cacao pouvaient effectuer leurs transactions commerciales. Ainsi, alors que la *Ghana Commercial Bank* assurait 40 % des dépôts et 50 % des opérations de crédit en 1961, ces chiffres s'élevaient respectivement à 52 % et 84 % en 1964. En ce qui concerne les compagnies d'assurance, le gouvernement a créé la *State Insurance Corporation* en 1962 (en 1966, cette société contrôlait déjà 50 % du marché national) ;
- Dans le commerce, le gouvernement était plus présent dans le contrôle des importations et a fait de la *Ghanaian*

National Trading Corporation (fondée en 1961) le plus grand distributeur de marchandises du pays.

En général, la direction de la CPP a été responsable de la diversification et de la nationalisation d'une grande partie du processus de production (en particulier dans le secteur industriel), y compris également la construction d'infrastructures de circulation et de distribution (chemins de fer, autoroutes, ports et aéroports) en en plus d'avoir constitué un ensemble d'appareils institutionnels (fonds, banques, coopératives, etc.) de financement de la production et de contrôle des échanges. Cependant, un certain nombre de facteurs ont entravé le plein succès de ces politiques.

Le premier a été la dévaluation du cacao sur le marché international à partir de 1965, représentant une réduction significative de l'afflux de devises dans le pays et un vecteur externe révélant la vulnérabilité d'une économie dépendante de l'exportation de produits agricoles dans le DIT.

Un autre facteur était la dépendance que les forces productives ghanéennes ont établie avec la technologie étrangère : visant à réduire la dépendance à l'égard des importations de biens de consommation, les politiques de substitution des importations ont représenté une augmentation massive des importations de biens de production et d'équipement,[23] dans le but de permettre la mécanisation de l'agriculture et la création et le fonctionnement d'industries nationales.

Ainsi, la difficulté d'obtenir des devises, couplée à un projet de développement coûteux, fait passer la dette de l'État de 20 millions de livres (fin des années 1950) à 400 millions de livres en 1965. Pour financer la dette et recourir aux emprunts internationaux. La politique d'appréciation de la

---

[23] Ces importations ont même été facilitées par le gouvernement à travers une politique de valorisation artificielle de la monnaie ghanéenne qui, en même temps, a posé des problèmes aux exportations (Rimmer, 1992).

monnaie s'est poursuivie même en 1965, lorsque le *Ghanaian pound a* été remplacée par le *cedi*.

D'autres aspects, comme l'inflation et l'augmentation des accusations de corruption dans l'administration publique, ont également contribué à l'affaiblissement politique du leader indépendantiste ghanéen et de son gouvernement. Au milieu des années 60, il y avait une précarité dans les services de santé et d'éducation, dont l'expansion et l'amélioration avaient été la responsabilité du CPP lui–même les années précédentes.[24]

Outre l'endettement, l'inflation, l'appréciation artificielle de la monnaie, les accusations de corruption dans l'administration publique et la précarité dans la fourniture des services de base, l'affaiblissement politique de Nkrumah était

---

[24] Dans l'éducation, il y a eu une augmentation du nombre des écoles publiques des écoles de formation (primaire et secondaire) et enseignant (construit principalement par la *Ghana Education Trust* entre 1957 et 1960). En outre, il y a eu une augmentation de l'offre de bourses d'études à l'étranger (via *Cocoa Board Marketing)* et de l'aide aux universités. Entre 1958 et 1965, les effectifs ont augmenté de 471.000 à 1,1 million en primaire ; de 140.000 à 268.000 dans un gymnase ; 13.200-48.600 au lycée ; de 10 mille à 26.900 dans les écoles de formation technique et d'enseignants. Les deux universités sont devenues des universités complètes à l'époque et l'*University of Cape Coast* a été fondée en 1962. Au cours de l'administration du RPC, il y avait une démocratisation de l'enseignement et, en même temps, la chute de sa qualité, le gouvernement n'a pas réussi à augmenter de manière significative le nombre d'enseignants (ci-dessous la demande) et la quantité de matériel scolaire. De plus, l'apprentissage a été étroitement liée à la littérature et peu liée à l'enseignement technique (tels que l'agriculture, par exemple). En ce qui concerne la santé, les hôpitaux, les centres de santé et dispensaires ont été construits, en plus du lancement des campagnes de lutte contre les maladies (comme la lèpre, la varicelle et la tuberculose) et l'offre de bourses d'études à l'étranger (ce qui a donné lieu à plus de 400 médecins). Le nombre d'hôpitaux a pratiquement doublé, alors que le nombre de médecins et d'infirmières est restée relativement faible (112 hôpitaux, 567 médecins et infirmières) 2660. Cependant, encore une fois, malgré l'expansion du système, le manque de ressources du gouvernement traduit par des réductions dans la fourniture de médicaments et dans l'entretien des hôpitaux et leurs machines (rayons X, par exemple) (Rimmer, 1992).

également associé à la centralisation politique de son gouvernement.[25] et sa prédilection pour les pays du monde socialiste.[26] Ainsi, en 1966, lors d'un voyage officiel en Chine et au Vietnam, Nkrumah subit un coup d'État orchestré par le major AA Afrifa[27] et par le colonel EK Kotoka,[28] qui s'installent au pouvoir à la tête du *National Liberation Council* (NCL). L'ancien président du Ghana et leader de l'indépendance du pays a ensuite été contraint à l'exil en Guinée.

Le gouvernement militaire du NLC a duré jusqu'en 1969, lorsque les conditions institutionnelles – une nouvelle constitution démocratique – pour les élections ont été créées.

---

[25] Une série de politiques mises en œuvre dans le cadre du gouvernement du RPC visant à réduire l'opposition et la formation d'un État à parti unique. En 1957, l'évitement loi sur la discrimination (qui interdit les partis régionaux / ethniques) a été lancé et, en 1958, la loi sur la détention préventive (qui autorisait l'emprisonnement de tout complot présumé jusqu'à 5 ans) a été lancé. Dès 1960, une nouvelle constitution a été approuvée dans laquelle Nkrumah a augmenté son pouvoir non seulement dans l'exécutif, mais aussi dans le système judiciaire : c'est là la première République du Ghana commence, avec Nkrumah comme son président. De plus, au gouvernement système de parti unique (approuvé lors d'un référendum) et à la persécution systématique de toute forme d'opposition ont commencé (il y avait 311 arrestations en 1961, 254 en 1962, 586 en 1963) (Boahen, 1975 ; Rimmer, 1992).

[26] À partir de 1960, Nkrumah renforce les relations économiques et politiques avec Moscou et Pékin. Les années précédentes, le gouvernement cherchait à se situer politiquement parmi les pays non alignés, ayant même participé à la Conférence de Bandung (en Indonésie) en 1958.

[27] Akwasi Amankwaa Afrifa (1936-1979) est né à Mampong et a étudié dans les écoles protestantes de Mampong et de Cape Coast. Il a rejoint l'armée en 1956 et a reçu une formation militaire au Royaume-Uni, après avoir servi au Congo en 1961 (Gocking, 2005).

[28] Emmanuel Kwasi Kotoka (1926-1967) est né à Alakple et a étudié dans des écoles catholiques. Il a rejoint l'armée en 1954, après avoir servi au Royaume-Uni et en Allemagne. De plus, il était membre des Forces d'urgence des Nations Unies au Congo et commandant de la première brigade d'infanterie de Kumasi (Gocking, 2005).

Ceux-ci ont été remportés par le Dr Kofi Busia,[29] chef du *Progress Party* (PP) et farouche opposant au gouvernement Nkrumah. Son administration a duré jusqu'en 1972, date à laquelle un nouveau coup d'État militaire a été imposé.

En général, les six années après Nkrumah (1966-1972) ont eu comme priorité économique la réalisation de certains ajustements monétaristes libéraux, surtout compte tenu de l'augmentation des pressions internationales sur l'endettement extérieur du pays (Hutchful, 2002).

Une fois au pouvoir, le NLC a sollicité l'aide financière des ambassadeurs des États-Unis, de l'Allemagne de l'Ouest et du Liban au Ghana. En outre, l'aide s'est également faite par le biais de financements par emprunt et de dons alimentaires à la population, effectués principalement par les États-Unis, le Royaume-Uni, l'Allemagne de l'Ouest et le Canada. Enfin, le NLC s'est tourné vers le *Fonds Monétaire International* (FMI) et la Banque Mondiale (Rimmer, 1992).

Visant à renforcer la balance commerciale, la politique économique adoptée par la NLC a été la dévaluation de la monnaie nationale, ce qui permettrait d'augmenter les exportations et, en même temps, de réduire le contrôle administratif sur les importations (Rimmer, 1992).

Les investissements dans la production de cacao ont également augmenté, car la politique économique de la NLC était plus soucieuse de promouvoir les exportations que de garantir la substitution des importations. De plus, le nouveau gouvernement a réduit les taxes sur les produits alimentaires de base, cherchant à réduire le coût de la vie pour la population (Rimmer, 1992).

---

[29] Le Dr Kofi Busia Abrefa (1913-1978) est né à Wenchi et a étudié à Kumasi. Il a même enseigné à l'école Achimota et a terminé son doctorat en anthropologie à l'*Oxford University* (Royaume-Uni). A partir de 1949, Il a enseigné à l'*University College* de Legon (aujourd'hui l'*University of Ghana*). Il a été élu membre de l'Assemblée législative en 1951 e a fait des opposions au CPP de Nkrumah. Il a fini par en exil le Royaume-Uni, où il a enseigné à l'*Oxford University*, de retour au pays en 1969 (Gocking, 2005 ; Cappelaere, 2007).

Une fois au pouvoir, le président Busia a maintenu le caractère libéral de la politique économique du NLC. En ce sens, la dévaluation du cédi s'est intensifiée (de 44 % par rapport au dollar en 1971) pour faciliter les exportations (Boahen, 1975 ; Rimmer, 1992 ; Cappelaere, 2007).

On constate que l'objectif de stabilisation et de croissance économique à court terme a été atteint, puisque la croissance du Produit Intérieur Brut (PIB) est passée de -4,3 % en 1965 à 6,0 % en 1970. L'excédent commercial a commencé, l'inflation a été réduite de 22,7 % (en 1965) à 3 % (en 1970) et la dette publique a également diminué (le paiement des dettes extérieures est venu représenter 65 % des dépenses publiques dans la décennie 1970) (Rimmer, 1992).

Cependant, parallèlement à des ajustements libéraux, il y a eu aussi une augmentation du chômage. À cela s'ajoute la chute du prix des *commodities* exportées par le Ghana sur le marché international en 1971, qui provoque à nouveau une baisse du taux de croissance économique du pays et, par conséquent, un déséquilibre de la balance commerciale, qui commence à s'opérer dans une situation déficit (portant la dette extérieure de 74 millions de *cedis* en 1969 à 141 millions en 1971). L'alternative trouvée dans cette situation, une fois de plus, a été la dévaluation de la monnaie nationale à la fin de 1971. Cette dévaluation, ainsi que d'autres difficultés économiques, ont servi de justification à un nouveau coup d'État qui a mis fin à la deuxième expérience démocratique en Ghana, en janvier 1972 (Rimmer, 1992 ; Hutchful, 2002).

Entre 1972 et 1978, une autre phase de nationalisation de l'économie a eu lieu dans le pays, sous le gouvernement militaire d'Ignatius K. Acheampong,[30] qui a créé le *National Redemption Council* (NRC), composé d'officiers militaires de rang intermédiaire. En 1975, le NRC a été remplacé par

---

[30] Ignatius Kutu Acheampong (1931-1979) est né à Kumasi et a fait ses études dans des écoles catholiques (à Kumasi et Ejura) et au *Central College of Commerce* (à Agona-Swedru). Il a rejoint l'armée en 1959 et a même reçu une formation au Royaume-Uni et aux États-Unis (Gocking, 2005).

le *Supreme Military Council* (SMC), rendant la hiérarchie gouvernementale effectivement militaire et promouvant le colonel Acheampong au rang de général.

Ce gouvernement, connu pour son autoritarisme, recherchait sa légitimité à travers des politiques favorisant certains groupes sociaux et adoptant des politiques économiques nationalistes (Cappelaere, 2007). Le contexte laissé par Busia était celui de la dévaluation de la monnaie, mais Acheampong a cherché à retirer cette politique et, en même temps, augmenter le contrôle de l'État sur les importations, pour réactiver la politique d'industrialisation initiée par Nkrumah (Rimmer, 2007).

Une autre marque de la gestion du général a été d'avoir favorisé l'éviction des créanciers internationaux et d'avoir adopté des politiques visant à l'autonomie économique du territoire, notamment en matière de sécurité alimentaire : le gouvernement a fait des investissements dans la production de riz, dont la superficie cultivée a pratiquement quadruplé entre 1970 /71 et 1976/77, de 89 mille à 346 mille hectares. À cela s'est ajouté l'élaboration de l'*Operation Feed Yourself*, qui a représenté une baisse des importations du pays grâce aux stocks importants de denrées alimentaires constitués. La valeur des exportations a de nouveau augmenté en 1973 et *les* prix des *commodities* sont devenus favorables à la balance commerciale ghanéenne jusqu'à la fin de la décennie.

Le gouvernement a nationalisé de nombreuses entreprises étrangères opérant dans le pays, notamment : dans l'industrie de l'extraction minérale et végétale ; dans l'industrie des biens de consommation non durables et ; dans le secteur financier. Cependant, même avec l'intensification des subventions gouvernementales dans ces industries, il y a eu une baisse de productivité dans la plupart des entreprises publiques au cours de la période, pour des raisons similaires à celles des années Nkrumah : la demande coûteuse de production et de biens d'équipement, qui avait à importer.

Au milieu des années 1970, on assiste à une aggravation du scénario économique ghanéen en raison de la crise pétrolière dont les effets se font sentir en 1974 et 1975, la détérioration de la balance des paiements et la politique du gouvernement de maintenir le prix des produits pétroliers dans le pays bas forclusion fiscale. Une sécheresse prolongée a également compromis la production agricole et l'approvisionnement alimentaire.

Dans ce scénario, les accusations de corruption se sont généralisées et, en 1977, une forte opposition au régime militaire a commencé. Ce mouvement est essentiellement formé par une classe urbaine de professionnels libéraux influents en politique (professeurs des universités, avocats, médecins et ingénieurs) qui commence à remettre en cause la légitimité du gouvernement. Des pressions économiques et sociales ont poussé, en 1978, les hauts gradés de l'armée à forcer la sortie d'Acheampong. À sa place, le lieutenant-général Frederick Akuffo,[31] qui a dirigé le pays jusqu'en 1979.

Faute de temps effectif pour effectuer des changements significatifs dans l'économie, Akuffo a également subi, en 1979, un coup d'État militaire. Cette fois, l'opération a été menée sous la houlette de Jerry J. Rawlings,[32] qui a pris le contrôle du gouvernement et a créé le *Armed Forces Revolutionay Committee* (AFRC). Le coup d'État était fondamentalement associé au mécontentement de Rawlings et de son groupe concernant la situation précaire de l'armée – en particulier les rangs inférieurs – et l'étendue de la corruption en politique. Prenant l'engagement initial de servir d'instrument de transition vers la démocratie, l'AFRC a organisé des élections

---

[31] Frederick Akuffo (1937-1979) est né à Akuropon et a rejoint l'armée en 1957. Il a reçu une formation au Royaume-Uni et a servi au Congo en 1961 (Gocking, 2005).

[32] Jerry John Rawlings (1947 -) est né à Accra d'une mère brebis et d'un père écossais. Il a fréquenté l'école Achimota, l'une des plus prestigieuses du pays. Il rejoint l'académie militaire de Teshi en 1968 et devient lieutenant dans les forces aériennes en 1978 (Gocking, 2005).

nationales la même année, qui ont abouti à la victoire du *People's National Party* (PNP), dont la candidate présidentielle était Hilla Limann.[33]

Le gouvernement de Limann a duré jusqu'en 1981, date à laquelle il a également été victime d'un coup d'État militaire, le quatrième de l'histoire du pays. Encore une fois coordonné par Rawlings, ce coup d'État a révélé son propre mécontentement face aux tentatives progressives du gouvernement PNP de dissoudre l'AFRC. Ainsi, au début des années 1980, Jerry Rawlings a pris le pouvoir à la tête du nouveau gouvernement, appelé *Provisional National Defence Council* (PNDC).

Les performances économiques du pays s'étaient détériorées tout au long des années 1970 et la crise s'est encore aggravée au début des années 1980. Hutchful (2002) rapporte certains aspects de ces performances, dans lesquels la productivité – à la fois dans les circuits spatiaux de production destinés au marché intérieur, ainsi que ceux destiné au marché international – a fortement baissé au cours de la période : l'indice manufacturier est passé de 100 à 63,3 (entre 1970–1981), avec une utilisation moyenne des capacités estimée à 24 % ; entre 1974–1982, la production de maïs a baissé de 54 % ; celui du riz, 80 % ; celui du manioc, 50 % ; et igname, 55 % (Hutchful, 2002).

En outre, les exportations de cacao – principale *commodity* du pays jusqu'alors – ont chuté d'environ 40 %, passant de 397,3 mille tonnes exportées (en 1975) à 246,5 mille (en 1981).

---

33 Dr Hilla Limann (1934-1998) est née à Gwolu et a fait ses études dans le nord du pays. L'enseignement supérieur a été obtenu en Europe : un diplôme en économie politique de la *London School of Economics ;* histoire à l'*University of London* (tous deux au Royaume-Uni) ; Français à la *Sorbonne* ; et un doctorat en sciences politiques et droit constitutionnel à l'Université de Paris (tous deux en France). À son retour dans son pays d'origine, il a rejoint le service diplomatique du CPP et a été membre de la commission qui a rédigé la deuxième Constitution du Ghana (en 1979). Il a été invité par le PNP à briguer la présidence de la Troisième République du Ghana (Gocking, 2005).

Ainsi, le Ghana, qui a été pendant des décennies le plus gros exportateur de cacao, a commencé à contribuer avec seulement 15,4 % de la production mondiale totale en 1981 (contre 24,4 % en 1975) (Hutchful, 2002).

Au début des années 1980, les déséquilibres fiscaux ont également attiré l'attention : l'augmentation de 690 % du déficit entre 1975/76 – 1981/82 et l'augmentation de 615 % des dépenses publiques (au cours de la même période), alors que les recettes n'avaient augmenté que de 56 % (Hutchful, 2002).[34]

La hausse de l'inflation – qui a culminé à 116 % en 1977 mais a progressivement diminué à 54 % en 1980 – était liée à une combinaison de dépenses publiques élevées et de baisses de la production et des exportations. Le taux de change, fixé par le gouvernement en 1981 ainsi que la surévaluation de la monnaie, ont fait gagner de plus en plus d'espace au marché parallèle dans le pays (Hutchful, 2002).

À la crise économique s'est ajouté le rapatriement de plus d'un million de Ghanéens qui travaillaient au Nigeria en 1983, en raison de la crise économique dans ce pays (Watts, 2013). Dans le même temps, la sécheresse s'est aggravée, ce qui a eu un impact important sur la production alimentaire et électrique, avec une réduction d'environ 40 % de la production d'énergie (et de 60 % des exportations d'énergie vers le Togo et le Bénin). Ainsi, les premiers contacts avec le FMI, à la recherche d'un programme d'un *Structural Adjustment Plan* (SAP) a commencé, secrètement, en 1982 et ont été rendus publics en 1983 (Rimmer, 1992).

---

[34] Hutchful explique que le déficit était généralement couvert par des prêts massifs de la Banque centrale. Le stock de monnaie (tant en circulation que les dépôts détenus dans les banques) a augmenté d'environ 1.000 % entre 1975 et 1981 (donc seulement 15 % représentaient une augmentation effective des demandes d'opérations de dépôt). Cependant, la perception des impôts par les agences gouvernementales est passée de 22% à 12% (1971/72 - 1975/76), avec un taux nominal de 45% (Hutchful, 2002).

L'année 1983 a été un tournant pour la formation socio-spatiale ghanéenne, dont les gouvernements avaient, jusque-là, développé des politiques économiques visant à diversifier leurs forces productives – notamment dans le secteur industriel – afin de remplacer les importations et d'accroître l'autonomie économique du pays. Cependant, la situation au début des années 1980 a montré peu d'alternatives à Rawlings, qui a adhéré à des programmes d'ajustement basés sur des politiques économiques néolibérales soutenues par le FMI[35] et par la Banque Mondiale.

L'adhésion aux politiques néolibérales semblait peu probable étant donné l'orientation politique et idéologique que le PNDC avait montrée jusqu'à présent.[36] Cependant, le contexte critique des années 1980 n'a pas permis à l'administration Rawlings de resserrer les liens avec les pays socialistes, qui traversaient également une période de crise (Rimmer, 1992).

---

[35] D'autres gouvernements ghanéens avaient déjà parlé au FMI. Le NLC en 1966 et le SMC d'Akkufo en 1978 avaient même lancé des programmes de stabilisation avec l'appui du Fonds. Selon Rimmer, ce qui distingue l'accord entre le *Provisional National Defence Council* de Rawlings et le FMI, c'est son improbabilité et l'engagement du Ghana envers l'accord depuis de nombreuses années (Rimmer, 1992).

[36] Rimmer explique que depuis 1979, un certain nombre de mouvements politiques socialistes et nationalistes ont fleuri dans le pays : le *June Fourth Movement*, les Kwame *Nkrumah Revolutionary Guards*, le *New Democratic Movement*, la *People's Revolutionary League of Ghana*, le *Movement for Peace and Democracy*, entre autres. Tous étaient opposés au néocolonialisme, attribuant la pauvreté du pays à l'exploitation promue par le capital étranger et assistée par une bourgeoisie locale. Ces groupes ont soutenu l'intervention de l'État dans l'économie. Sous l'administration Limann, Rawlings était très proche de ces groupes, étant devenu le leader du *Mouvement du 4 juin* (dont 7 autres membres du PNDC sont certainement issus) (Rimmer, 1992).

1.5. L'arrivée du néolibéralisme à partir de 1983

La première phase des réformes a commencé en avril 1983, conçue par le secrétaire aux finances Kwesi Botchwey,[37] avec l'adoption du programme de stabilisation, appelé *Economic Recovery Program* (ERP), soutenu par le FMI et la Banque Mondiale. La mise en œuvre s'est déroulée intégralement entre 1983 et 1986. L'ERP était un programme orienté vers l'économie de marché et visait à : stabiliser les finances publiques ; supprimer les distorsions de prix ; rétablir les incitations à la production ; et attirer des capitaux étrangers (Rothchild, 1991 ; Rimmer, 1992 ; Fosu ; Aryeetey, 2008 ; Killick, 2010).

Ainsi, il y a eu une dévaluation importante du *cedi*, dont l'équivalence avec le dollar est passée de 2,75 à 30. Cette mesure, en plus d'augmenter la compétitivité des *commodities* ghanéennes sur le marché international, a été responsable de la réduction de l'économie parallèle dans le parent. En outre, il y a eu des réformes dans le secteur public, visant à réduire les dépenses publiques et les subventions dans l'économie (Killick, 2010).

La deuxième phase de la ERP a été mise en œuvre entre 1987 et 1989 – après une stabilisation économique entre 1983 et 1986 – avec pour objectif de jeter les bases du développement de la politique à moyen et long terme, en se concentrant sur : sur l'amélioration des infrastructures ; en réduisant les distorsions de marché encore existantes ; et en soutenant les initiatives du secteur privé. Cela a représenté concrètement : le développement des Partenariats Public-Privé (PPP) pour la construction/maintenance des

---

[37] Dr Kwesi Botchwey (1943 -) est né à Tamale. Il a fréquenté des écoles chrétiennes à Odumase-Krobo et Cape Coast. Il est diplômé en droit de *l'University of Ghana* en 1967 et de la *Yale University* en 1968. Il a obtenu un doctorat en droit de la *Michigan University* en 1970. Il a même enseigné à la *Zambie University, à la Dar es Salaam University* et l'*University of Ghana.* Il devient secrétaire des finances et de la planification économique du *Provisional National Defence Council* (Gocking, 2005).

infrastructures ; privatisation d'entreprises publiques ; l'introduction d'une plus grande compétitivité dans des secteurs qui étaient auparavant dominés par le monopole d'État ; la libéralisation du secteur commercial et financier ; et ; l'élimination des politiques de contrôle des prix (Killick, 2010).

Pendant les années d'ERP, l'économie a connu une croissance moyenne de 5 % par an, de sorte que la capacité d'exportation et d'importation a augmenté de manière significative jusqu'à au moins la fin des années 1980. % (en 1983) à 10 % en 1992 ; et le déficit budgétaire a également opéré en baisse, tandis que l'investissement domestique est passé de 5 % à plus de 20 % entre 1983 et 1993, avec une augmentation significative des investissements du capital privé national (Fosu ; Aryeetey, 2008 ; Killick, 2010).

Le Ghana est devenu, à partir de 1983, sous le gouvernement Rawlings, une sorte de laboratoire des politiques néolibérales prônées par le FMI et la Banque Mondiale. Rawlings a dirigé le pays jusqu'en 2000 : entre 1992 et 1993, il y a eu une transition vers le système démocratique, lorsqu'il a remporté les élections à la tête du *National Democratic Congress* (NDC), au pouvoir jusqu'en décembre 2000 (après avoir été réélu en 1996). En 2001, John A. Kufuor a repris le gouvernement,[38] chef du *New Patriotic Party* (NPP), qui est resté au pouvoir jusqu'en 2008 (après avoir été réélu en 2004). En 2009, John Evans Atta Mills,[39] membre du

---

[38] John Kufuor (1938 -) est né à Kumasi (région Ashanti*)* et a étudié à *l'Oxford University,* Royaume-Uni. Prenant le pouvoir en 2001 (après l'administration Rawlings), son élection a représenté la première transition pacifique de gouvernement dans l'histoire du pays. Considéré comme un libéral du point de vue économique, Kufuor a mis en place un ensemble de mesures d'austérité fiscale et monétaire, en plus d'avoir favorisé l'entrepreneuriat de capitaux privés, notamment en lançant des programmes de microcrédit.

[39] John Atta Mills (1944-2012) est né à Tarkwa (région Ouest) et a étudié à *University of Ghana* (où il a obtenu un diplôme en droit), à la *London School of Economics* (où il a obtenu un diplôme de troisième cycle en droit) et à

NDC, a pris le gouvernement jusqu'en juillet 2012, date à laquelle il est décédé et a été remplacé par le vice-président John Dramani Mahama,[40] qui a régné jusqu'en 2017. Dans les dernières années des années 2010, le pays est présidé par Nana Akufo-Addo[41] du NPP, élu en 2017.

En général, le scénario des deux premières décennies du 21e siècle continue d'être marqué par des politiques visant à la stabilisation monétaire, en plus de l'ouverture commerciale et de la réduction des dépenses publiques, de sorte que les forces productives du Ghana se sont réorganisées différemment des nationalistes période des années 1960 et 1970. Depuis 1983, l'idéologie néolibérale a prévalu par l'expansion des capitaux privés – nationaux ou étrangers – sur les activités économiques du pays.

Conclusions du chapitre 1

Le Ghana dans le temps, le Ghana dans le monde visait à établir une lecture sur la participation du Ghana à l'économie mondiale à travers l'histoire. Ceci est dû à la compréhension que l'analyse contemporaine de l'insertion

---

l'Université *de Londres* (où il a obtenu son doctorat en droit), toutes deux au Royaume-Uni. Mills était le président du Ghana pendant la période où le pays a commencé ses exportations de pétrole (2011) et a enregistré l'un des taux de croissance les plus élevés de la planète, entre 15 et 20 % (2012). En outre, il a cherché à maîtriser l'inflation en dessous de 10 % et a adopté une série de mesures d'austérité (budgétaire et monétaire) et d'attirer les Investissements Directs Étrangers. Mills n'a pas terminé son mandat, étant décédé en juillet 2012.

[40] John Dramani Mahama (1958 -) est né à Damongo (région Nord) et a étudié à l'Université *du Ghana* (où il est diplômé en histoire et post-gradué en communication) et à l'Institut des sciences sociales de l'Union soviétique (où il a étudié un diplôme de troisième cycle en psychologie). Mahama a été vice-président du Ghana entre 2009 et 2012 et est président depuis décembre 2012. Mahama se considère toujours comme un socialiste aujourd'hui.

[41] Nana Akufu-Addo (1944 -) est né à Accra (Grand Accra) et a étudié à l'*University of Ghana* (où il a obtenu son diplôme en économie en 1967).

de ce pays dans le DIT ne peut être efficace que dans la mesure où elle s'appuie sur une formation socio-spatiale, étant donné que le temps – avec l'espace – est une variable structurante du présent.

Il est possible d'identifier cinq formes successives d'insertion du Ghana dans le DIT au cours du temps. Trois d'entre elles remontent au 6 mars 1957 – date qui marque l'indépendance de la Gold Coast du joug colonial britannique – et deux ont lieu depuis, avec la souveraineté territoriale de l'État ghanéen déjà conquise.

La première forme d'insertion a eu lieu entre le XIIe et le XVIe siècle, lorsque l'Afrique de l'Ouest – la région où se situe le Ghana actuel – a été intégrée dans des dynamiques commerciales à longue distance qui s'opéraient à l'échelle intercontinentale. De nombreux clans, royaumes et empires ont organisé leurs forces productives en termes d'extraction d'or et de noix de cola ; produits vendus à des marchands arabes et berbères qui effectuaient, sur leurs chameaux, le commerce dit transsaharien. De cette manière, les voies de circulation et les points de distribution ont été consolidés qui reliaient les forêts et les savanes d'Afrique de l'Ouest à la côte méditerranéenne de l'Afrique, de l'Europe et du Moyen-Orient. En revanche, les territoires ouest-africains achetaient principalement du sel et des esclaves à ces commerçants.

Cette route commerciale commence à perdre de son importance à partir du XVIe siècle, tandis que le commerce atlantique – qui relie l'Europe, l'Amérique et l'Afrique par des navigations européennes efficaces – s'intensifie à partir de la même époque, représentant la deuxième forme d'insertion de l'Afrique de l'Ouest dans le monde économique, dans un contexte d'expansion du système capitaliste dans sa phase mercantile, favorisé par les États-nations d'Europe occidentale. Dans ce processus, de nouveaux royaumes, en particulier dans les zones côtières, ont gagné en importance grâce à la capture de personnes à l'intérieur du continent et à leur vente aux marchands d'esclaves. La contrepartie de cette exportation était principalement l'achat d'armements et de munitions européens, qui assuraient la stabilité et l'expansion de nombreux royaumes locaux.

Ce commerce à longue distance a duré jusqu'au XIXe siècle, mais il a décliné lorsqu'un ensemble de lois interdisant le commerce et abolissant le travail des esclaves a été forgé et incorporé à travers le monde atlantique. Ces lois étaient liées aux Lumières et aux intérêts économiques du Royaume-Uni, qui propageaient l'utilisation du travail salarié dans un contexte renouvelé d'expansion du système capitaliste, aujourd'hui dans sa phase industrielle. Ainsi, tout au long du XIXe siècle, une troisième forme d'inscription au DIT s'est développée, puisque de nombreux territoires d'Afrique de l'Ouest ont commencé à approvisionner une grande partie des industries européennes en substances lubrifiantes, obtenues à partir d'espèces végétales telles que l'huile de palme, l'arachide et le cacao. En revanche, la région a importé divers types de produits manufacturés des pays d'Europe occidentale.

La colonisation européenne sur le continent africain, à partir de la fin du XIXe siècle, a encore intensifié cette forme d'insertion dans le DIT, puisqu'elle a supprimé la souveraineté territoriale des autorités locales (chefs, dirigeants et rois) et l'a imposée, par des moyens militaires et force un domaine qui a défini l'agenda productif des colonies, à travers un nouvel ensemble de lois. Sur la Gold Coast, une partie des terres est devenue une propriété privée et toutes les ressources naturelles, ainsi que les forêts, sont passées sous le contrôle de la Couronne britannique. Par ailleurs, de nombreuses infrastructures (routes, autoroutes, voies ferrées et ports) ont été construites entre la période s'étendant de la fin du XIXe siècle aux années 1950 ; tous avec l'intérêt explicite de transporter les *commodities* hors de la colonie. Parallèlement, elle est obligée d'importer des produits européens industrialisés, notamment d'origine britannique.

La période coloniale de la Gold Coast a pris fin en 1957. La formation socio-spatiale ghanéenne, dont l'indépendance avait été acquise sous l'impulsion de Nkrumah, a connu deux formes principales d'insertion dans le DIT jusqu'aux premières décennies du XXIe siècle. Le premier d'entre eux – qui s'étend de 1957 à 1983 – représentait un effort pour subvertir le Ghana dans l'économie internationale et a été élaboré par les politiques économiques des deux principaux présidents du pays à l'époque : Nkrumah (1957-1966) et Acheampong (1972-1978).

Grâce à la substitution des importations une réduction significative des importations de biens de consommation dans le pays a été rendue possible, ce qui peut être compris comme une nouvelle forme d'insertion dans le marché international. Cependant, cette politique de développement économique était extrêmement dépendante de l'importation de biens d'équipement et de production, qui étaient surtout financés par les *commodities* produites dans le pays, notamment le cacao.

Cette forme d'insertion a pris fin en 1983, en pleine récession économique que connaissait le pays après la crise mondiale des années 1970. Le projet de développement économique a ensuite été abandonné et a cédé – sous le gouvernement Rawlings (1979-2001) – à une série de politiques d'ajustement économique structurées sur l'idéologie libérale renouvelée propagée par des institutions multilatérales telles que le FMI et la Banque Mondiale. C'est dans ce contexte – guidé par les privatisations, l'ouverture du marché national aux capitaux étrangers et les ajustements fiscaux et de change – que prend forme la cinquième forme d'insertion du Ghana dans le DIT. C'est la forme contemporaine qui sera analysée tout au long de ce livre.

Figure 1 : Carte des ville e régions au Ghana

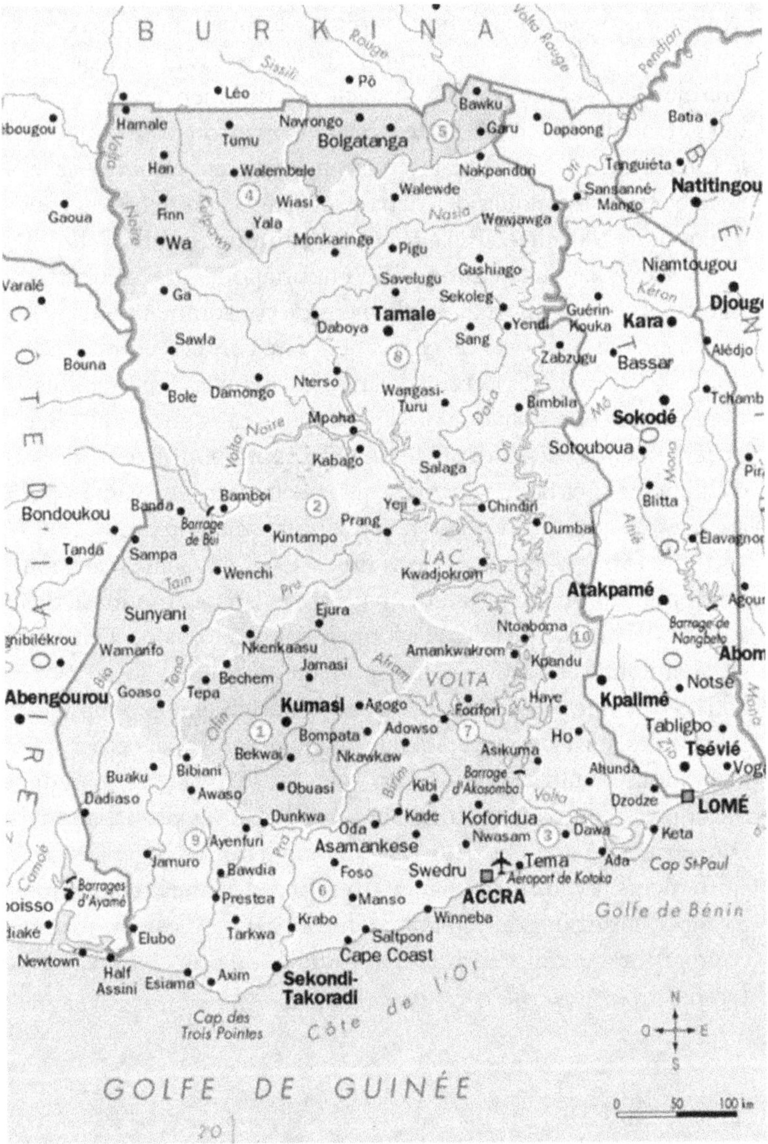

Nom des régions : 1 – Ashanti ; 2 – Brong-Ahafo ; 3 – Grand Accra ; 4 – Haute-Région Occidentale ; 5 – Haute-Région Orientale ; 6 – Région Centrale ; 7 – Région Est ; 8 – Région Nord ; 9 – Région Ouest ; 10 - Volta
Source : Cappelaere, 2007

Chapitre 2

L'ESPACE ÉCONOMIQUE DU GHANA AU DÉBUT DU 21^{E} SIÈCLE

Igname pelée, tomate et oignon en sachet, céréales diverses dans des bols, banane frite, tranches d'ananas, mangue verte, eau en petits sachets, soda, boisson énergisante et jus en bouteille, poisson salé, poulet vivant, œufs, tissus imprimés, vêtements *made in China,* chaussures *made in Vietnam,* sandales, stylos, fournitures scolaires, uniformes scolaires, montres en or, bijoux, bijoux en or, téléphones portables, ordinateurs, télécommandes, télévision, chaîne stéréo, DVD, vélos, motos. Le *Kejetia Market* à Kumasi est le plus grand marché à ciel ouvert du continent africain.

Chaque jour de la semaine, une foule de personnes se rassemble dans cet espace, situé au centre de la capitale de l'ancien royaume Ashanti : agriculteurs, pêcheurs, petits mineurs, commerçants et consommateurs de différentes parties du pays font de cette partie de la ville un véritable point d'articulation entre la production, la circulation, la distribution et la commercialisation des biens de consommation.

C'est un marché dont l'extension est à perte de vue et où les étals sont organisés de manière sectorielle, malgré la première impression qu'il s'agit d'un espace chaotique et désorganisé. Le commerce se fait non seulement dans les étals au milieu des rues, mais aussi dans les petites boutiques et à travers les nombreux vendeurs ambulants : les hommes vendent des vêtements, des chaussures, des montres, de l'électronique et des motos ; les femmes vendent de la nourriture et des boissons. Les voitures n'ont pas la priorité dans les rues.

Les marchés répartis dans les villes ghanéennes permettent un contrôle préliminaire des demandes de consommation de leur population. Actuellement, ces marchés coexistent également avec l'expansion des chaînes de magasins et des *shopping centers,* en particulier dans les plus grandes villes du pays. Les ouvriers du *Kejetia Market* apportent encore des preuves de la construction d'une véritable cartographie économique du Ghana : « mes tomates sont du nord, elles sont de Bolgatanga » [une ville proche de la frontière avec le Burkina Faso], raconte l'une des vendeuses assises sur sa caisse en bois sur le trottoir.

Une carte de l'espace économique ghanéen est importante à la fois pour révéler la localisation des principales activités productives du pays, ainsi que les infrastructures de circulation et de répartition des différents types de flux liés à l'économie. Il importe, dans ce chapitre, non seulement de présenter cette cartographie, mais aussi d'analyser de manière générale les combinaisons entre forces productives et rapports de production dans les secteurs les plus divers de l'économie. On ne soulignera jamais assez que l'espace économique en question est un produit historique en constante transformation.

2.1. Conditions générales de production

Dans l'économie ghanéenne, il existe une combinaison de trois types de capital : l'État national, le privé national et le privé étranger. Elles sont entreprises dans des activités spécifiques, de sorte que leurs détenteurs s'approprient les moyens de production et les forces productives disponibles de différentes manières.

La coexistence entre les entreprises publiques et les entreprises privées (nationales et étrangères) s'est intensifiée à la suite des ajustements néolibéraux promus par le gouvernement Rawlings, déjà mentionnés au chapitre 1.[42] Mises en œuvre pendant la récession économique du début des années 1980, les politiques néolibérales ont réduit le nombre d'entreprises publiques dans le

---

[42] Ce scénario diffère de celui des années 1960 et 1970, lorsque le pays traversait un processus de nationalisation de l'économie dans lequel l'État assumait de nombreuses activités de production, notamment minières, agricoles (commerciales et alimentaires) et manufacturières.

pays. Selon Hutchful, en 1983, il y avait environ 235 entreprises qui appartenaient à l'État, dont 181 étaient exclusivement ou majoritairement composées de capitaux publics. Ces institutions employaient environ 240.000 personnes (4,5 % de l'emploi total du pays à l'époque). Ce tableau change au cours de la décennie, puisqu'une politique d'ouverture du capital de ces entreprises n'a été initiée, en plus des privatisations, qui ont atteint plus de 50, qu'entre 1987 et 1990 (Hutchful, 2002).[43]

En même temps qu'il se concentrait sur la réduction des entreprises publiques, le néolibéralisme a opéré une ouverture économique qui a favorisé l'engagement d'entreprises privées étrangères, grâce à la mise en place de politiques fiscales incitatives. Actuellement, la présence de capitaux étrangers se manifeste principalement dans les activités minières, pétrolières et de construction d'infrastructures (routes, ports, aéroports et centrales hydroélectriques).[44]

---

[43] Les entreprises publiques ghanéennes ont toujours été dirigées par des individus issus des classes urbaines les plus aisées, diplômés des facultés d'économie, d'administration des affaires ou d'ingénierie, notamment à l'*University of Ghana*, la *Kwame Nkrumah University of Science and Technology* ou *l'University of Cape Coast.* Beaucoup d'entre eux ont effectué (et effectuent toujours) une partie de leurs études de premier cycle ou des cycles supérieurs dans des universités américaines, canadiennes, britanniques, allemandes, néerlandaises, belges, sud-africaines et chinoises. Au cours des années 1960 et 1970, les échanges avec les universités soviétiques, roumaines, polonaises et tchécoslovaques étaient également courants. Ces mêmes matières sont également fondamentales dans la composition du personnel administratif des entreprises privées, qu'elles soient étrangères ou nationales, opérant dans le pays.

[44] Il est important de noter que des sociétés étrangères opèrent sur la Gold Coast depuis la fin du XIXe siècle, notamment dans l'extraction de l'or et dans la production et la commercialisation du cacao. Les décennies qui ont suivi l'indépendance ont enregistré une série de politiques nationalistes – notamment dans les gouvernements de Nkrumah (1957-1966) et d'Acheampong (1972-1978) – visant à réduire la présence de ce type de capital dans l'économie, même si certains partenariats avec des capitaux publics – *des joint-ventures* – ont été signés.

Enfin, le capital privé national représente certainement l'élément le plus complexe de l'entrepreneuriat dans le pays, étant donné la grande diversité des activités économiques dans lesquelles il opère, sous différentes conditions de capitalisation et d'organisation. Tout au long de l'histoire du Ghana, les entreprises privées nationales les plus capitalisées ont été associées aux importations de biens de consommation (durables et non durables), au commerce de détail, au transport de marchandises et à la production manufacturière. Beaucoup d'entre eux entretenaient même de bonnes relations avec les gouvernements nationalistes, qui leur garantissaient des contrats de services lucratifs avec des entreprises d'État, en particulier dans le cas des entreprises de transport.

La classe d'affaires nationale la plus capitalisée est, dans une large mesure, constituée de familles syriennes et libanaises (en plus de certaines d'origine arménienne et indienne) établies en Gold Coast dans les années 1920 et qui, à cette époque, avaient fondé de petites entreprises d'importation. Au fil du temps, cette classe a fait preuve d'une grande diversification de ses activités, ce qui a permis une certaine expansion du tissu économique national et, dans de nombreux cas, international, en exploitant ses entreprises dans des pays comme le Togo, la Côte d'Ivoire et le Burkina Faso.

Cependant, cette classe d'entrepreneurs est loin de représenter l'intégralité du capital privé ghanéen, puisque dans pratiquement tous les secteurs de l'économie nationale, les entrepreneurs sous-capitalisés – souvent de manière autonome ou familiale – qui exercent des activités d'envergure locale, régionale et éventuellement nationale prédominent.

Dans les années 1970, Hart avait déjà évoqué la diversité du capital privé national du pays. Selon l'auteur, ces entrepreneurs sont :

> [...] qui contrôle l'administration des capitaux investis par lui dans toute entreprise dans le but de réaliser des bénéfices. Cette définition inclut un grand groupe de Ghanéens de différentes trajectoires de vie qui ont converti

> leurs réserves salariales en capital productif dans une entreprise temporaire ou fixe (Hart, 1970, p. 107).

Ainsi, dans la plupart des cas, le capital accumulé pour démarrer une entreprise économique provient de l'épargne, dont l'accumulation est vérifiée par le travail effectué, surtout par le biais des salaires, aussi bien en milieu urbain qu'en milieu rural.

Il est essentiel d'être clair que non seulement le capital privé national, mais aussi le capital privé étranger et d'État, sont influencés, à des intensités différentes, par des variables macroéconomiques, telles que le taux d'intérêt,[45] le taux de change[46] et l'inflation.[47]

Outre le capital, qui permet une appropriation différenciée des moyens de production, la force de travail représente également l'un des éléments structurels de l'économie. Au Ghana, cet élément gagne en complexité non seulement en

---

[45] Ghana a des taux d'intérêt élevés – parmi les plus élevés du continent – qui sont décidés par le *Comité de police monétaire* de la *Banque du Ghana*. Ces taux influencent directement les instruments financiers associés aux activités économiques du pays, notamment dans le cas des entrepreneurs qui recourent au crédit pour constituer leur capital. Le taux d'intérêt moyen entre 2002 et 2016 était de 17,5% par mois, ayant atteint des pics de 27% (Trading Economics, 2022). Ces taux ont effectivement rendu difficile l'accès au crédit formel pour les petits entrepreneurs ghanéens.

[46] Le taux de change – qui exerce une profonde influence sur les relations commerciales et financières du pays avec le reste du monde – a conduit à la dévaluation progressive du cédi par rapport au dollar ces dernières années. La monnaie ghanéenne, qui était à parité avec la monnaie américaine en 2008, a commencé à valoir, au milieu des années 2010, environ 25 % du dollar. Ce processus a été bénéfique pour les activités économiques du pays associées aux exportations (Trading Economics, 2016).

[47] L'inflation – qui dépassait 60 % en 2001 – s'est stabilisée dès 2004 entre 10 et 20 %. La moyenne est, depuis 1998, de 18,4 % par mois. Il est important de noter que les principales composantes de l'indice des prix à la consommation au Ghana sont les suivantes : aliments et boissons (non alcoolisés), représentant 43,6 % du poids ; logement, eau, électricité et gaz, responsables de 9,5% ; et vêtements et chaussures, représentant 8,9% (Trading Economics, 2022).

raison de la répartition de la population, mais aussi de la multiplicité des accords et des contrats établis entre les détenteurs des moyens de production et ceux qui en sont dépossédés.

Ainsi, il est important d'avoir la dimension des conditions démographiques. Globalement, le Ghana a une population estimée à 32,3 millions d'habitants, étant le quatorzième pays le plus peuplé du continent et le deuxième d'Afrique de l'Ouest (seulement derrière le Nigeria, dont la population dépasse les 219,4 millions) (Central Intelligence Agency, 2022).

Concernant la répartition de cette population selon la tranche d'âge, on peut noter que 37,44 % ont entre 0 et 14 ans ; 18,64 % ont entre 15 et 24 ans ; 34,27 % ont entre 25 et 54 ans ; 5,21 % ont entre 54 et 64 ans ; et 4,44 % ont plus de 65 ans. Ainsi, la population active en 2021 était estimée à 12,49 millions de personnes réparties dans : les activités du secteur primaire (44,7 %), qui comprennent non seulement l'agriculture, mais aussi l'élevage et la pêche ; les activités du secteur secondaire (14,4 %), qui comprennent principalement l'exploitation minière et la fabrication (en plus de l'énergie, de l'eau et des eaux usées) ; et les activités du secteur tertiaire (40,9 %), formées par une large gamme de services (Central Intelligence Agency, 2022).

Ici, il est important de mentionner qu'un effort doit être fait pour relativiser les données susmentionnées. Certes, en rapportant les principales activités des travailleurs dans le pays, ces informations masquent le fait que beaucoup d'entre eux ont plus d'une source de revenus. De plus, il existe une population enfantine qui travaille et n'est pas prise en compte dans le calcul de la population active, bien qu'elle soit également génératrice de richesse dans le pays : au début du 21e siècle, ils totalisaient 34 % qui, âgés entre 5 et 14 ans, travaillaient dans différentes activités depuis de l'agriculture au commerce (Cooke ; Hague ; Mckay, 2016).

En termes d'accès à l'éducation de base – qui interfère directement avec la qualification professionnelle de la population, les statistiques montrent que 79 % de la population adulte du pays (plus de 15 ans) est alphabétisée. Il existe toujours un écart entre les sexes en ce qui concerne l'accès à l'éducation : alors que 83,5 % des hommes sont alphabétisés, ce pourcentage tombe à 74,5 % dans le cas des femmes (Central Intelligence Agency, 2022). Cette différence, commune à la plupart des pays du Sud, se traduit concrètement par l'emploi de main-d'œuvre qualifiée pour de nombreux emplois, notamment non manuels.

Un autre aspect fondamental de la population ghanéenne est sa répartition sur le territoire et le type d'espace où elle vit. Actuellement, il est largement annoncé que l'Afrique est le continent avec les taux d'urbanisation les plus élevés au monde, même si 60 % des Africains habitent encore des zones rurales et travaillent principalement dans des activités connexes (Grant, 2015). Au Ghana, cependant, la majorité de la population (57,3 %) vit dans les villes, en particulier celles situées dans les parties centrale et méridionale du pays. Les plus grandes villes de formation socio-spatiales ont :

- Accra, avec 2,2 millions d'habitants (Grand Accra) ;
- Kumasi, avec 2 millions d'habitants (région Ashanti) ;
- Tamale, avec 562.000 habitants (région Nord) ;
- Sekondi-Takoradi, avec 539.000 habitants (région Ouest) ;
- Ashaiman, avec 298.000 habitants (Grand Accra) ;
- Sunyani, avec 248.000 habitants (région Brong-Ahafo) ;
- Cape Coast, avec 227.000 habitants (région Centrale) ;
- Obuasi, avec 175.000 habitants (région Ashanti) ;
- Teshie, avec 176.000 habitants (Grand Accra) ;
- Tema, avec 161.000 habitants (Grand Accra).

Parmi les villes susmentionnées, seule Tamale est située dans le nord du pays. Il est également noté qu'ensemble, les dix plus grandes villes ghanéennes totalisent environ 6,5 millions d'habitants (Central Intelligence Agency, 2022). Au vu de ces données quantitatives, fondamentales pour la construction d'une analyse de la main-d'œuvre dans le pays, il est désormais important de caractériser les principales activités développées dans chaque secteur de l'économie, tant dans les espaces ruraux qu'urbains. Cependant, pour cela, il existe une double complication méthodologique.

La catégorisation de l'économie par secteur a fait l'objet de vives critiques il y a quelques années. Parmi les raisons qui justifient la critique, il y a le fait que l'articulation entre de nombreuses activités productives rend impossible l'établissement de lignes de partage entre les secteurs. Un exemple en est l'agrobusiness qui, dans le même espace, fusionne les activités des secteurs primaire et secondaire. Cependant, dans la mesure où ce type de critique prend tout son sens dans le climat économique actuel, la sectorisation reste une ressource de classification largement utilisée, y compris par le gouvernement des instituts de recherche socio-économique du Ghana et par les organisations multilatérales.[48]

L'autre complication méthodologique est précisément la division entre espace rural et espace urbain. Ces frontières sont de moins en moins visibles dans le paysage, encore plus dans les territoires d'Afrique de l'Ouest, où, par exemple, la pratique de l'agriculture urbaine a toujours été présente, notamment au voisinage des rivières qui traversent les centres urbains. Dans le même temps, il est possible de vérifier les usines et les foires commerciales à la campagne, à proximité des routes dans les zones reculées. En tout cas, l'association très commune du secteur primaire avec l'espace rural et des

[48] A cela s'ajoute le fait qu'il y aurait les secteurs quaternaire (services d'information) et quinquennal (services à la personne), qui sont généralement regroupés dans le tertiaire par les statistiques officielles.

secteurs secondaire et tertiaire avec l'espace urbain sera ici maintenue comme une stratégie d'organisation et non de plâtrage.

2.1.1. L'espace économique rural

Chaque année, l'agriculture, l'élevage, la pêche et l'extraction végétale ont réduit leur importance dans la composition en pourcentage du Produit Intérieur Brut (PIB) du Ghana : en 2017, ces activités, ensemble, représentaient 18,3 % de la richesse totale produite dans le pays, un pourcentage inférieur aux 39,3 % enregistrés en 2001 et aux 45,2 % enregistrés en 1960 (World Bank, 2022 ; Central Intelligence Agency, 2022).

Tout au long de l'histoire du Ghana, la production agricole a toujours figuré comme la principale contribution du secteur primaire au PIB, de sorte que l'élevage, la pêche et l'extraction végétale étaient comparativement moins importants (Ghana Statistical Service, 2022).

Compte tenu de son importance dans l'économie nationale, la compréhension de certaines caractéristiques fondamentales de la production agricole est une tâche essentielle. Cholley contribue à cet effort en s'assurant que l'agriculture doit être comprise comme le résultat de la combinaison d'éléments physiques, biologiques et humains (Cholley, 1946, p.42). Ainsi, les conditions physiques et naturelles de la formation socio-spatiale ghanéenne sont des variables hautement pertinentes dans la qualification pédologique de la terre, qui est le moyen de production de base de l'activité économique en question.

Autant le développement technologique a permis d'augmenter la productivité agricole tout au long de l'Histoire – à travers par exemple la Révolution verte, depuis les années 1950 – autant il est essentiel de faire attention au fait que de telles technologies ne s'appliquent pas à tous les types de culture, soit parce qu'elles n'ont pas été développées pour tous les types d'espèces végétales, soit parce qu'elles ont un coût élevé. Ainsi, dans une grande partie de l'agriculture ghanéenne – principalement pour la subsistance ou le marché local – les agriculteurs ont recours à un travail intensif additionné d'instruments et d'intrants simples, qui opèrent un processus de production avec un taux de subversion moindre des dynamismes de l'espace physique. En ce sens, la nature joue un rôle central et devrait être analysée plus attentivement dans les pages suivantes.

2.1.1.1. Conditions naturelles

Le Ghana a un relief composé principalement de plaines et de plateaux. Les premiers se produisent dans les parties côtières et sur les rives des rivières qui composent le bassin versant de la rivière Volta, à des altitudes qui ne dépassent pas 150 mètres au-dessus du niveau de la mer. Les plateaux, d'autre part, se produisent dans les collines qui sont concentrées dans la partie centrale et la frontière orientale du territoire national. Le climat est tropical, avec des températures comprises entre 21 ° C et 29 ° C et une humidité relative qui augmente nord-sud, de la frontière avec le Burkina Faso jusqu'à la côte du golfe de Guinée, dans l'océan Atlantique (Gocking, 2005).

Les terres exploitées par l'agriculture, l'élevage et l'extraction végétale sont situées dans des zones de forêt, de savane et de végétation côtière. De manière générale, la végétation est un point de départ important pour l'analyse des conditions naturelles de l'espace – ou de ses éléments physiques et biologiques, comme le voulait Cholley (1946) – puisqu'elle représente une sorte de résultat de la combinaison de conditions géologiques (roches), géomorphologiques (relief), climatiques (température, humidité et mouvement des masses d'air), hydrologiques (rivières, lacs, lacs, nappes phréatiques et autres plans d'eau) et pédologiques (sol).

Les forêts ghanéennes occupent la partie sud-ouest du pays, de sorte que deux types distincts peuvent être identifiés : la forêt tropicale et la forêt humide semi-caducifoliée. Ces forêts s'étendent sur les parties méridionales de l'Afrique de l'Ouest et se caractérisent par une grande biodiversité, avec des espèces qui atteignent toutes les strates (arboricole, arbustive et herbacée) et qui forment même une canopée fermée jusqu'à 40 mètres, avec certaines espèces qu'elles atteindre même plus de 60 mètres de hauteur (Boateng, 1959).

Le sol des forêts ghanéennes se distingue facilement de celui des savanes, compte tenu de la composition de leurs horizons superficiels (riches en matière organique) et de la plus grande humidité du milieu, qui facilite l'altération biochimique, chimique et physique du matériel parental. Dans ce cas, la pédogenèse se produit principalement sur des roches magmatiques (granit, basalte), métamorphiques (phyllite, quartzite et schiste vert) et sédimentaires (grès). La distinction entre forêt tropicale et forêt tropicale est principalement basée sur les conditions climatiques qui affectent les zones en question (Obeng, 2000).

Située principalement dans la région Ouest, proche du littoral, la forêt tropicale occupe environ 9 500 km ^{2,} une superficie qui enregistre la pluviométrie moyenne annuelle la plus élevée du pays (2 200 mm), avec deux saisons des pluies (une principale de mars à juillet et un autre de septembre à novembre). Dans le même temps, des températures élevées tout au long de l'année contribuent à composer l'humidité de l'environnement due à l'évapotranspiration (Boateng, 1959 ; Food and Agriculture Organization of the United Nations, 2005). La destruction de la végétation naturelle est principalement associée à la culture du maïs, du riz, du manioc, de l'igname, de la banane, du poivre, du gombo, de l'aubergine, des agrumes, de la noix de coco, du palmier à huile et de l'hévéa.

La forêt tropicale, quant à elle, occupe une superficie nettement plus grande que celle de la forêt tropicale. Il est distribué dans les régions Ashanti, Brong-Ahafo, Est et Centrale et est moins humide. Beaucoup de ses espèces perdent partiellement leur feuillage pendant les mois secs. Les précipitations annuelles moyennes sont de 1500 mm et les saisons des pluies ont lieu de mars à juillet et de septembre à novembre (Food and Agriculture Organization of the United Nations, 2005). La déforestation dans la région est associée à la culture du maïs, du riz, du manioc, de la banane, des haricots, du poivre, du gombo, des aubergines, des tomates, des agrumes, de l'huile de palme, du café et du cacao.

Les savanes, quant à elles, occupent la majeure partie du territoire ghanéen, étant réparties dans toute la partie centrale et nord du pays. Ces savanes ont une occurrence régionale, étant présentes dans la plupart des pays d'Afrique de l'Ouest, dans une bande latitudinale située entre le désert du Sahara et les forêts des zones côtières du golfe de Guinée. Au Ghana, ils sont présents dans les régions Brong-Ahafo, Nord, Haute-Région Orientale, Haute-Région Occidentale et Volta. Cette végétation présente des arbres plus courts et espacés, en plus de la présence de nombreuses espèces arbustives et d'un couvert quasi permanent d'espèces herbacées (Boateng, 1959).

Il existe deux types de savanes au Ghana : la savane de Guinée (figure 2) et la savane du Soudan. Alors que la première occupe une superficie d'environ 147.000 km ^{2,} la seconde n'occupe que 2.200 km ^{2} à l'extrême nord-est du pays, le long de la frontière avec le Burkina Faso. En général, les savanes se développent dans une zone nettement plus sèche que les forêts et enregistrent une pluviométrie annuelle moyenne de 1.000 mm, avec une seule saison des pluies entre mai et septembre. Il est important de noter que, pendant le reste de l'année, et particulièrement pendant les mois d'Harmattan – un vent sec et chaud généré dans le désert du Sahara qui souffle vers le golfe de Guinée entre les mois de novembre et avril – le sol en la région devient très aride, rendant la culture de nombreuses espèces impossible.

C'est en raison de ces conditions environnementales que les savanes ont une végétation plus adaptée aux saisons sèches, avec des troncs épais et résistants au feu, comme le baobab et le karité. De plus, le sol a des horizons de matière organique moins profonds que les forêts. La pédogenèse se produit fondamentalement sur différents types de roches mères : magmatiques (granit), métamorphiques (finies) et sédimentaires (schistes, grès), en particulier dans les zones proches de la Volta. Ainsi, une composition pédologique diversifiée est garantie. Les principales cultures associées à ces zones sont le maïs, le riz, le sorgho, le mil, l'igname, le manioc, la patate douce, le haricot, l'arachide, le bambara, la tomate, le poivron, l'oignon, la noix de cajou et le karité. L'élevage est également plus intense dans la région que dans les zones forestières (Obeng, 2000 ; Food and Agriculture Organization of the United Nations, 2005).

Enfin, la végétation côtière occupe environ 4.500 km $^{2.}$ C'est une bande étroite parallèle à la côte qui commence à Sekondi-Takoradi et atteint la frontière avec le Togo. De manière générale, il s'agit d'une végétation à faible biodiversité dans laquelle les espèces herbacées prédominent. Différents types de sols supportent la végétation et ils proviennent principalement de roches métamorphiques (gneiss et quartzites).

Cette végétation est située dans une zone de plus faible humidité, enregistrant une pluviométrie annuelle moyenne de 800 mm. Il y a deux saisons des pluies : de mars à juillet et de septembre à octobre. La région a été historiquement largement utilisée pour la culture du maïs, du riz, du manioc, des haricots, des tomates, des échalotes et des noix de coco. La faible disponibilité des pluies a été compensée par la construction d'un système d'irrigation associé au lac et à la rivière Volta.

2.1.1.2. Propriété foncière

Déjà décrite dans ses principales caractéristiques physico-naturelles, c'est sur cette terre que la société ghanéenne a établi ses modes de production régulés par des rapports de production particuliers. Devant la nécessité d'analyser les aspects humains de ce que Cholley appelait l'économie rurale (Cholley, 1946), il est essentiel de prendre en compte la manière dont les terres sont appropriées et utilisées. Selon Aryteey et *al.* :

> Le régime foncier au Ghana et dans de nombreuses régions d'Afrique subsaharienne a évolué, depuis avant et pendant le passé colonial, avec un double système : formel et informel ou coutumier [...]. Les arrangements fonciers formels basés sur la *Common Law* britannique ont été principalement appliqués pour faciliter l'accès à la terre parmi la communauté expatriée, tandis que les lois coutumières existaient et guidaient la population autochtone dans l'acquisition et l'utilisation dans leurs communautés (Aryteey, 2007, p.5).

Les régimes fonciers au Ghana sont extrêmement complexes, de sorte que la manière dont la terre y est appropriée est un élément central dans l'analyse de l'agriculture et est étroitement liée à l'histoire du pays ; non seulement le passé colonial, mais aussi les périodes qui l'ont précédé, car les lois dites coutumières se rapportent aux traditions locales antérieures à la domination britannique.

L'utilisation des terres avant la colonisation était communale, sans l'existence de propriété privée. Les membres des familles, des clans et des royaumes pouvaient profiter des terres communales conformément aux lois locales de chaque société, sans avoir besoin d'un titre légal. Il y avait trois caractéristiques principales concernant les terres communales :

- Il s'agissait d'un droit inhérent du sujet qui était membre d'un groupe. Ce sujet pourrait en bénéficier, car ils étaient socialement compris comme un bien et une ressource commune ;
- Certains membres de la société – généralement les plus âgés – détenaient le pouvoir de décider comment le droit susmentionné pouvait être exercé. Ainsi, dans la

mesure où les membres d'une société donnée avaient le droit à la terre, son utilisation reposait sur une série de lois locales ;
- Il y avait l'absence de propriété individuelle de la terre elle-même, de sorte que les titres étaient investis dans la collectivité et non dans des sujets individuels.

On sait que la production agricole sur les terres communales était principalement associée à la production de valeur d'usage, notamment d'espèces originaires d'Afrique de l'Ouest, telles que : l'igname, le sorgho, le mil, les haricots et l'huile de palme. Le commerce de surplus était également une pratique courante, ayant épaissi les flux des circuits commerciaux transsahariens et atlantiques à longue distance au fil du temps.

Comme mentionné au chapitre 1, la colonisation à la fin du 19e siècle a converti certaines terres communales en terres privées. Ce processus était loin d'avoir été mené sur l'ensemble du territoire de la Gold Coast, puisque la métropole britannique était plus intéressée à imposer un certain type de culture commerciale (comme le cacao) et à taxer les agriculteurs locaux qu'à établir réellement un marché foncier en les moules capitalistes. Ainsi, la coexistence entre le droit commun britannique (pour les terres qui seraient exploitées par les expatriés européens) et le droit coutumier (pour la population locale), créant une double structure agraire. Ce prétendu manque d'intérêt des Britanniques à établir la propriété privée des terres sur toute la Gold Coast, laissant la population indigène organiser la plupart de leur accès à la terre, signifiait que le processus de colonisation était considéré, par beaucoup, comme indirect (Aryteey, 2007 ; M'Bokolo, 2011).

La double structure a été maintenue, de sorte que la propriété de 80 % des terres du pays a été obtenue en vertu des lois coutumières. Ici, les petits lots prévalent et divers types de contrats de bail y sont établis, comme cela sera expliqué dans le chapitre suivant. Dans ces terres, la production est destinée non seulement à la production d'aliments pour la population, mais aussi à la production de *commodities,* notamment de cacao.

Le reste (20 %) des terres a été transféré ou acquis sur une base obligatoire par l'État, par le biais du *State Lands Act 125* (de 1962). Lund souligne qu'au fil du temps, le gouvernement n'a pas fourni de réparations financières à de nombreuses familles qui se sont vu confisquer leurs terres de manière obligatoire, en particulier dans le nord du territoire (Lund, 2008). Il est important de noter que le gouvernement du Ghana a un droit d'acquisition forcée lorsque la terre présente un intérêt public, ce qui signifie principalement son utilisation pour la construction d'infrastructures de circulation et de distribution.

Plusieurs problèmes liés à la tenure foncière découlent de la structure foncière actuelle, tels que : l'indétermination des limites des terres coutumières, ce qui peut générer des conflits entre groupes de propriétaires fonciers et des conflits juridiques ; et les contrats de location et les dossiers légalement dangereux, entre autres. Il y a six organismes publics dans le pays qui cherchent à résoudre les impasses découlant des structures terrestres : la *Land Commission,* le *Town and Country Planning Department,* le *Survey Department,* l'*Office of Administration of Stool Lands,* la *Land Title Registry* et la *Land Valuation Board* (Aryteey, 2007).

2.1.1.3. Agriculture et secteur primaire

Au Ghana, 69,1 % des terres sont à usage agricole (20,7 % de terres arables, 11,9 % de cultures permanentes et 36,5 % de pâturages permanents), 21 % sont occupés par des forêts et des savanes et 9,7 % ont des usages différents, généralement associés à des constructions dans l'espace urbain et les infrastructures (Food and Agriculture Organization of the United Nations, 2005). Dans ce scénario, il est important de distinguer l'agriculture vivrière de l'agriculture commerciale (également appelée agriculture industrielle, car la production passe par un processus de transformation avant d'être commercialisée, généralement sur le marché extérieur).

D'une part, l'agriculture vivrière est développée sur l'ensemble du territoire et, de manière assez significative, dans sa partie nord, tandis que l'agriculture commerciale se situe principalement dans les parties centre-sud du territoire. L'affirmation selon laquelle au Ghana « le nord nourrit le sud » est devenue courante. La production alimentaire implique différents types de céréales (maïs, millet, sorgho et riz), des légumes (haricots, niébé, arachides et soja), des fruits (papaye, avocat, mangue, ananas, noix de cajou, pastèque et banane), des légumes (tomate, aubergine), oignon, poivron, gombo, chou, laitue et carotte), ainsi que des racines et tubercules (igname, manioc et patate douce) (figure 3).

Cette production est essentielle pour assurer la sécurité alimentaire de la population et se caractérise par le fait qu'elle se déroule dans de petites exploitations, généralement à proximité des autoroutes. Ils sont peu mécanisés et recourent à un recours intensif à la main-d'œuvre. De plus, comme moyen d'assurer la fertilité, la technique de polyculture en rotation et repos du sol est utilisée. Historiquement, ce type d'agriculture a bénéficié d'une subvention gouvernementale importante pour garantir l'achat de pesticides. Cependant, les ajustements néolibéraux des années 1980 ont réduit les possibilités des agriculteurs d'accéder à ces aides mais aussi au crédit : en 1968, 15 % des opérations des banques commerciales étaient destinées à l'agriculture et, en 2012, ce pourcentage est tombé à 4,7 % (Hutchful, 2002 ; Ghana Ministry of Food and Agriculture, 2022).

Autant une partie de la production est destinée à la subsistance des agriculteurs, autant elle est destinée aux marchés, répartis dans les villes du pays. Bien que la réduction des subventions et du crédit ait été l'un des impacts des politiques néolibérales sur l'agriculture vivrière ghanéenne au cours des dernières décennies, il y a eu une augmentation de la culture grâce au soutien technique du gouvernement (à travers des projets d'instituts de recherche et d'universités) et d'organisations multilatérales, telles que comme la *Food and Agriculture Organization of the United Nations* (FAO), dans le but de garantir la sécurité alimentaire dans le pays, qui a souffert de sécheresses prolongées dans les années 1980.

De plus, cette augmentation de la production était également associée à l'expansion de la superficie cultivée au début du XXIe siècle, qui est passée de 290 mille km ^{2} en 2002 à 340 mille km ^{2} en 2012. L'augmentation de la production sur la période a été vérifié parmi les cultures suivantes : le maïs est passé de 1,4 million de tonnes (t.) à 1,9 million ; le mil est passé de 159.000 à 180.000 t ; le riz est passé de 473 mille à 813 mille t ; le manioc est passé de 9,7 millions à 14,5 millions de t. ; les bananes sont passées de 2,2 millions à 3,5 millions de t. ; et l'igname est passée de 3,9 millions à 6,6 millions de t. (Ghana Ministry of Food and Agriculture, 2015).

L'agriculture commerciale, quant à elle, est principalement destinée au marché étranger et revêt une grande importance pour le pays dans la mesure où elle garantit l'afflux de devises. Ce type d'agriculture bénéficie d'un plus grand soutien de l'État et se développe sur de petites exploitations, où l'utilisation de main-d'œuvre est intensive, malgré l'utilisation plus fréquente de pesticides et un meilleur accès à l'irrigation, notamment dans les cultures situées en zone forestière.

Parmi les cultures agricoles commerciales, on distingue : le cacao (principale culture commerciale du pays), le café, le coton, le tabac, l'huile de palme (figure 4) et le karité. Avant d'être exportées, toutes ces productions subissent des transformations, généralement au sein même de l'exploitation, comme le séchage et la fermentation des graines, dans le cas du cacao. Entre 2002 et 2012, il y a eu également une augmentation de la production de cette culture (de 496 mille à 879 mille t.) et aussi d'huile de palme (de 1,6 million à 2,1 millions de t.). Les autres cultures n'étaient pas régulièrement enregistrées par le *Ministry of Food and Agriculture,* de sorte qu'en 2009, la production de café était estimée à 516.000 t, celle de caoutchouc à 19.000 t. et le karité à 31 mille t. (Ghana Ministry of Food and Agriculture, 2015).

L'élevage, quant à lui, est essentiellement une activité de subsistance, au sein de certaines exploitations. En zone forestière, elle est moins fréquente qu'en zone de savane, en raison de la présence de la mouche tsé-tsé : alors que dans la première, il est possible de trouver des troupeaux de moutons, de chèvres et de volières ; dans le nord du pays se distinguent les mêmes troupeaux, en plus de l'élevage bovin. Entre 2003 et 2012, il y a eu une augmentation de la production de tous les types de viande dans le pays : le bœuf est passé de 18.000 à 21.000 t ; viande de mouton de 13.000 à 18.000 t. ; chèvre de 14.000 à 21.000 t. ; porc de 10.000 à 20.000 t. ; et la ferme avicole de 20 mille à 46 mille t. (Ghana Ministry of Food and Agriculture, 2015).

La pêche, à son tour, est également pratiquée à différents points de la formation socio-spatiale. Comme l'élevage de bétail, c'est une activité principalement exercée par les hommes et visant à approvisionner le marché intérieur. Les poissons sont obtenus le long des 540 km de côtes, en plus de nombreuses rivières et du lac Volta, qui compte 8.400 km^2. La pêche se fait à la main dans la majeure partie du pays, les pêcheurs utilisant des bateaux en bois de petite et moyenne taille (motorisés) et des filets. Entre 2003 et 2012, la production a légèrement augmenté, passant de 406 mille à 428 mille t. Sur ce total, il est important de faire attention au fait que la pêche maritime équivaut à 77 % du total produit par l'activité (Ghana Ministry of Food and Agriculture, 2015).

L'extraction des plantes, à son tour, est étroitement liée aux zones forestières de la formation socio-spatiale ghanéenne. L'extraction de bois indigène – en particulier d'acajou – était une activité économique de grande importance avant et pendant la période coloniale, mais elle a perdu de son importance dans le programme national d'exportation au fil du temps, ayant été limitée, en particulier, par un ensemble de lois environnementales.

2.1.2. L'espace économique urbain

La ville est le lieu privilégié de plusieurs types d'activités, notamment celles qui intègrent les secteurs dits secondaires et tertiaires de l'économie. C'est dans cet espace que s'effectue une part importante de la production industrielle et de la fourniture de services, de sorte que ces secteurs sont devenus, depuis des décennies, les éléments centraux dans la composition de la richesse produite dans la plupart des pays du Sud.

En 2017, les activités liées au secteur secondaire de l'économie du Ghana – formé par l'exploitation minière, la fabrication, l'électricité, l'eau, les égouts et la construction civile – correspondaient à 24,5 % du PIB. D'un point de vue historique, ces activités ont été profondément impactées par la crise économique vécue à la fin des années 1970 et au début des années 1980 : alors que le secteur représentait 28,1 % du PIB en 1965, et 23,5 % en 1975, il ne représentait plus que 6,54 % en 1982 (Ghana Statistical Service, 2022). Au cours des dernières décennies du 20e siècle, il y a eu une reprise qui a été associée à des politiques visant l'exploitation minière (depuis 1983) et la découverte et l'exploration de pétrole (à la fin des années 2000), comme cela sera analysé au chapitre 3.

Le secteur tertiaire de l'économie, quant à lui, comporte un nombre beaucoup plus important d'activités, telles que : le commerce (détail et gros) ; réparation d'objets ; hôtels et restaurants ; transport et stockage ; information et communication ; activités financières et assurances ; activités de soutien immobilier et administratif ; administration publique (et défense nationale) ; et la sécurité sociale, l'éducation, la santé, entre autres. C'est le secteur qui a le plus contribué à la formation du PIB, étant passé de 28,8 % en 1965 à 57,2 % en 2017 (Ghana Statistical Service, 2022).

L'économie urbaine au Ghana est extrêmement complexe en raison de la diversité des activités, des conditions –

organisationnelles et financières – dans lesquelles elles sont entreprises et de la manière dont elles interagissent entre elles et entre les activités typiques des zones rurales. Dans cette économie, l'informalité est l'un des éléments fondamentaux d'analyse et est intimement liée à la possibilité d'interpréter l'économie urbaine dans la perspective théorique des circuits.

2.1.2.1. L'informalité et les circuits de l'économie urbaine

L'une des principales caractéristiques de l'économie urbaine non seulement au Ghana, mais dans les différents pays du Sud, est la condition d'informalité dans laquelle opère une grande partie de ses activités, notamment celles regroupées dans le secteur tertiaire. Selon Hart, la capacité de la population à tirer des revenus des activités informelles passe à la fois par le travail salarié et par le travail indépendant. En faisant une distinction entre le travail formel et informel dans l'économie urbaine du Ghana dans les années 1970, l'auteur s'est assuré que :

> La variable clé [de différenciation] est le degré de rationalisation du travail, c'est-à-dire si le travail est recruté ou non sur une base régulière pour une rémunération stable. La plupart des entreprises qui opèrent à un certain niveau de bureaucratisation sont susceptibles d'être recensées par des enquêtes et constituent le « secteur moderne » de l'économie. Les autres – pour ainsi dire, ceux qui échappent au dénombrement – sont diversement classés en « secteur urbain à faible productivité », « armée de réserve sans emploi et sous-employée », « secteur urbain traditionnel », etc. [...] (Hart, 1973, p.68).

De manière générale, Hart assure que les activités informelles seraient celles qui opèrent dans des conditions de recrutement de main-d'œuvre moins régulières, ce qui signifie effectivement une génération de valeur moins stable, bien que rien de négligeable (Hart, 1970 ; 1973 ; 1976). Selon l'enquête *Integrated Business Established Survey* (IBES) du *Ghana Statistical Service* (GSS), les activités formelles sont celles enregistrées auprès du *Registrar General's Department* (RGD), tandis que les activités informelles ne sont pas enregistrées auprès de cette institution. L'enregistrement signifie non seulement le paiement des impôts à l'État, mais aussi la manière dont les entreprises ont accès aux lignes de crédit dans les institutions financières publiques et privées, par exemple, en plus des contrats avec d'autres entreprises, y compris d'éventuelles *joint-ventures* avec le capital (Hart, 1973 ; Ghana Statistical Service, 2022).

L'informalité est une condition d'environ 90,5 % des établissements commerciaux dans l'économie urbaine contemporaine au Ghana (Ghana Statistical Service, 2022). Compte tenu du large éventail d'activités informelles dans le pays, Hart avait déjà développé, dans les années 1970, une distinction entre la légitime et l'illégitime : alors que le premier ne serait lié à aucun type de pratique criminelle selon la Constitution, le second être (tableau 1).

Tableau 1 : Distinction entre les activités informelles de l'économie urbaine dans les années 1970 selon Hart

Activités légitimes	**Activités illégitimes**
Primaires et secondaires : agriculture, horticulture, entrepreneurs et activités annexes, artisans indépendants, cordonniers, tailleurs et couturières, brasseurs et spiritueux ; Tertiaire (entreprises plus capitalisées) : logement, transports, spéculation *marchande,* activités rentières ; Distribution à petite échelle : agents du marché, petits commerçants, vendeurs ambulants, fournisseurs d'aliments et de boissons, barmans, transporteurs, commissionnaires et détaillants ; Autres services : musiciens, lavandières, cireurs de chaussures, barbiers, photographes, réparateurs automobiles (et autres activités de réparation et d'entretien), services rituels et magiques, médecine ; Transfert privé de valeurs : dons et flux similaires d'argent entre personnes (dons et aumônes), prêts.	Services : prostitution, contrebande et recel, usure et usure, pots-de-vin, corruption (politique) et trafic de drogue. Transferts : vol et cambriolage, détournement de fonds, duplication d'argent et jeux d'argent.

Source : Hart, 1973

Ce regroupement est encore très actuel au XXIe siècle, même si de nouvelles activités ont vu le jour et d'autres ont perdu de leur force. Dans tous les cas, il est important de garder à l'esprit la grande variété d'activités économiques informelles qui se développent dans les espaces urbains au Ghana et qui, en même temps, établissent différents types de relations entre elles et entre les activités formelles. La complexité de cette économie urbaine diversifiée peut être mieux comprise, cependant, à travers l'opérationnalisation de la théorie des circuits de l'économie urbaine, développée par Santos également dans les années 1970.[49] Selon l'auteur, l'économie urbaine des pays du Tiers-Monde s'organiserait en deux circuits distincts mais complémentaires : le Circuit Supérieur (CS) et le Circuit Inférieur (CI) (tableau 2).

---

[49] Pour Santos, les approches théoriques de l'urbanisation dans les territoires du tiers-monde ont commencé à être élaborées de manière plus systématique à partir des années 1950, grâce aux efforts déployés principalement par des économistes et des sociologues. Au milieu du peu de matériel statistique produit sur ces pays jusqu'à présent, les analyses effectuées se sont limitées à des adjectifs des villes étudiées ou à des tentatives artificielles de les adapter dans des modèles quantitatifs et dans des théories élaborées pour les villes d'Europe et des États-Unis (Santos, 2004). Ces efforts ont rapidement montré leur inadéquation aux spécificités des territoires africains, asiatiques et latino-américains. Ce n'est que dans les années 1970, vingt ans plus tard, en raison d'une plus grande accumulation de connaissances sur les processus urbains que traversaient les soi-disant Tiers-Monde, que des études plus précises ont été développées sur le dynamisme de leurs espaces et leurs économies urbaines. Parmi les nombreux auteurs qui se sont penchés sur la question en question dans les années 1960 et 1970, se détachent les suivants : Clifford Geertz, avec *Peddlers and Princes,* de 1963 ; Aníbal Quijano, avec *Redefinición de la Dependencia y Marginalización en América Latina,* 1970 ; McGee, avec *The urbanization process in the Third World,* 1971 ; Josef Gugler et William Flanagan, 1978 *Urbanization and Social Change in West Africa,* parmi beaucoup d'autres. Tous ces auteurs gardent dans leur analyse une notion de processus historique spécifique des réalités étudiées, que ce soit dans les villes d'Amérique latine, d'Asie ou d'Afrique.

Tableau 2 : Caractéristiques des circuits de l'économie urbaine dans les années 1970 selon Santos

	Circuit Supérieur	**Circuit Inférieur**
La technologie	Capital intensif	Travail intensif
Organisation	Bureaucratique	Primitif
Capitales	Important	Réduit
Travail	Réduit	Volumineux
Salarié	Dominant	Pas obligatoire
Actions	Grande quantité et/ou haute qualité	Petite quantité et/ou qualité inférieure
Des prix	Fixe (en général)	Soumis à la discussion entre l'acheteur et le vendeur
Crédit	Banque institutionnelle	Personnel non institutionnel
Marge bénéficiaire	Réduit à l'unité, mais important par chiffre d'affaires (sauf : produits de luxe)	Élevé par unité, mais faible par rapport au chiffre d'affaires
Relation client	Impersonnel et/ou papier	Direct, personnalisé
Coûts fixes	Important	Méprisable
Publicité	Obligatoire	Nul
Réutilisation des marchandises	Nul	Fréquent
Frais généraux	Indispensable	Consommable
Aide gouvernementale	Important	Nul ou presque nul
Dépendance directe à l'étranger	Grande activité de plein air	Réduit ou nul

Source : Santos, 2004

D'une part, le CS serait formé par des entreprises à haut degré d'organisation et de capitalisation, telles que les grandes industries et les banques – notamment internationales – en plus de certains prestataires de services fortement capitalisés. Ces activités fonctionnent dans des conditions formelles et ont souvent un champ d'action extrarégional et international.

Dans ce circuit, l'utilisation du capital est intensive et l'organisation des activités extrêmement bureaucratique et verticale. L'emploi est généralement réduit et salarié, et certains services sont régulièrement choisis pour être externalisés. De plus, lorsque cela est nécessaire, ces activités sont stockées en grande quantité et de haute qualité, car elles disposent de l'espace et des infrastructures pour le faire. Le prix des marchandises est généralement fixe. La marge bénéficiaire est réduite par unité de produit, mais importante en chiffre d'affaires. Ce circuit a également un accès facile au crédit formel par les institutions financières (publiques et privées).

Historiquement, l'État exerce une grande influence sur le développement des CS, offrant des exonérations fiscales et les infrastructures nécessaires. Au Ghana, les activités de ce circuit sont principalement associées à de grandes entreprises, généralement étrangères qui, en raison de leur forte capitalisation, ont une mobilité territoriale importante, pouvant choisir les portions d'espace qui leur offrent une plus grande accessibilité, soit aux consommateurs, soit aux fournisseurs de matières premières et main-d'œuvre.

Cependant, la structure des grandes activités commerciales n'absorbe pas tous les travailleurs urbains, puisque la formation de l'armée de réserve industrielle est nécessaire pour réduire la valeur du travail sur le marché et, par conséquent, abaisser les coûts de production, comme je l'ai déjà expliqué Marx dans le XIXe siècle (Marx, 1975). À la suite de ce processus, d'autres activités moins capitalisées et moins bureaucratiques se développent dans les quartiers les plus pauvres de la ville et dans les centres de consommation populaire. Ces activités visent à répondre aux exigences de travail et de consommation des classes sociales à faible pouvoir d'achat, formant le CI (Santos, 2004).

Ce circuit s'appuie à son tour sur le travail intensif de ses salariés, une organisation débureaucratisée et l'utilisation de capitaux réduits. Les activités peuvent être formelles ou informelles et occuper une part importante de la main-d'œuvre urbaine. En raison de la faible disponibilité de l'espace et des infrastructures, ces activités font peu de stock.

Le prix des biens et services n'est pas fixe, comme en CS, mais quelque chose à discuter et à négocier dans la relation entre vendeur et consommateur, afin que la relation avec la clientèle acquière un ton nettement personnalisé et que la marge bénéficiaire soit augmentée par unité de produit, mais faible par rapport au chiffre d'affaires.

L'CI n'a pas le même soutien de l'État que la grande économie et est historiquement devenu un véritable refuge pour la population pauvre au chômage. Des exemples d'activités dans ce circuit sont : les petits établissements commerciaux, tels que les épiceries, les épiceries, les boulangeries, les épiceries, les merceries, les papeteries, entre autres ; les petites usines et ateliers de réparation, tels que les ateliers de réparation de pneus, les ateliers de réparation de mécaniciens, d'appareils électroménagers et électroniques, les couturières ; en plus des établissements proposant des manucures, des coiffeurs, des barbiers, des motos taxis, etc. Généralement, ces activités ont une portée d'action au niveau local ou régional et, dans le cas du Ghana, souvent au niveau national.

Ainsi, la théorie des circuits permet de vérifier les manières dont les différentes activités de l'économie urbaine au Ghana interagissent les unes avec les autres. Dans les années 1970, Hart attirait déjà l'attention, par exemple, sur les nombreuses relations que les petites entreprises de transport (qu'elles soient formelles ou informelles) nouaient avec les grandes sociétés minières, constituant ainsi un élément fondamental du fonctionnement de l'économie (Hart, 1970). Tout au long de ce livre, d'autres témoignages, mais contemporains, de ces relations seront présentés.

Ainsi, alors que le binôme informel – formalité permet de comprendre la manière dont les activités économiques se rapportent à l'État, le binôme circuit inférieur – circuit supérieur permet de comprendre comment ces activités s'organisent en interne et comment elles agissent dans l'économie urbaine, interagissant dans et hors de votre circuit.

2.1.2.2. Secteur manufacturier et secondaire

La fabrication représente une activité importante dans le secteur secondaire, qui comprend également l'exploitation minière, la construction civile, l'approvisionnement en électricité, en eau et en égouts. Au Ghana, les activités manufacturières ont été profondément impactées par la crise économique de la fin des années 1970 et la mise en œuvre subséquente des politiques néolibérales dans le pays à partir de 1983. En 2014, 5,7 % du PIB ghanéen avait été généré par l'industrie manufacturière répartie à travers le pays, donc que les activités d'extraction et de transformation minières et pétrolières ont généré le plus de richesse au sein du secteur en question (Institute of Statistical, Social and Economic Research, 2022).

Comme déjà mentionné au chapitre 1, l'industrialisation ghanéenne était étroitement liée à la vision de développement national de Nkrumah, qui a mis en œuvre une politique de substitution des importations dans les années 1960.

> [...] la stratégie [d'industrialisation] s'appuyait davantage sur le contrôle administratif [de l'État] que sur les mécanismes du marché pour déterminer les allocations de ressources ; et la confiance, dans une large mesure, des investissements du secteur public à travers un plan de développement à moyen terme conduit par le développement industriel (Yankson, 2006, p. 8).

Le processus d'industrialisation a été mené par l'État et s'est déroulé de manière spatialement sélective, positionnant les moyennes et grandes entreprises dans trois zones principales, toutes situées dans le centre-sud du pays : à Accra-Tema (Grand Accra), à Kumasi (région Ashanti) et à Sekondi-Takoradi (région Ouest) (Yankson, 2006). Les CS des manufactures les plus capitalisées – surtout publiques – importaient des biens d'équipement et des biens de production et bénéficiaient, jusqu'au milieu des années 1970, d'importantes subventions publiques (pour financer leurs importations) dans un scénario de taux de change favorable (avec le *cedi* valorisé artificiellement par rapport au dollar) ce qui a rendu difficile l'entrée de produits manufacturés étrangers dans le pays.

Pendant ce temps, Boateng attire l'attention sur le fait que les petites manufactures étaient d'une grande importance pour générer de la richesse dans le secteur et, comme les moyennes et grandes manufactures, étaient également concentrées dans ces trois villes et leurs environs. Beaucoup ont même été fondées avant les années 1960, ayant approvisionné le marché de consommation local plus longtemps que les industries CS. Ces petites manufactures concernaient principalement la production de : aliments et boissons (farine, pain, biscuits, bière et spiritueux) ; vêtements ; matériaux de construction (ciment, peintures, structures métalliques) ; artisanat et scieries ; et la métallurgie (or, argent et fer) (Boateng, 1959).

Le secteur manufacturier a pris de l'importance en pourcentage entre les années 60 et le milieu des années 70 : il représentait 13 % du PIB du Ghana en 1970 et représente maintenant 21 % en 1977. Dans les années 60, tiré par le secteur manufacturier, le secteur Le secteur industriel a enregistré la deuxième croissance de l'emploi la plus élevée du pays (derrière le seul secteur des services). Cette offre s'est produite principalement dans les villes et a conduit à un exode rural massif, en particulier des agriculteurs des zones les plus pauvres du nord du pays. Cependant, la crise économique internationale des années 1970 et le scénario de récession des années 1980 ont eu un impact profond sur cette activité, principalement en raison de la réduction des investissements publics et de la forte dépendance aux importations de biens d'équipement et de biens de production, qui ont généré la détérioration progressive d'installations industrielles et de leurs machines importées (Hutchful, 2002).

Les politiques ont cherché à relancer l'ensemble du secteur industriel, à travers une série de mesures visant à intensifier l'utilisation des capacités inutilisées dans différentes industries, ainsi qu'à faciliter l'entrée des investissements étrangers. En général, entre 1984 et 1991, le secteur secondaire a connu une nouvelle croissance de 8,6 % en moyenne. Cependant, Hutchful souligne que ce taux de croissance était lié à l'afflux d'investissements à court terme, en particulier pour l'exploitation minière, de sorte que le secteur manufacturier – qui a augmenté en moyenne de 8,8 % entre 1984 et 1991 – a commencé à croître d'environ 3 % par année à partir de 1991 (Hutchful, 2002).

En 2015, le nombre d'établissements manufacturiers – qui n'opéraient pas à l'intérieur des maisons – était d'environ 99.000 (91,9 % des établissements du secteur secondaire du pays). Dans ce scénario, la répartition spatiale de ces établissements est restée nettement concentrée dans Grand Accra (23,4 %), dans la région Ashanti (19,6 %) et dans la région Ouest (9,2 %), toutes situées dans les parties centre-sud, de sorte que la Haute-Région Occidentale, dans le nord du pays, comptait 2,8 % d'établissements manufacturiers (Ghana Statistical Service, 2022).

Il est important de mentionner que 7 des 20 plus grandes richesses du pays appartiennent à des entrepreneurs ghanéens qui travaillent dans la fabrication d'aliments, de textiles, de produits chimiques et de matériaux de construction (Goodman AMC, 2022) :

- Takoradi Flour Mils (farine) : société détenue par le Ghanéen d'origine arménienne Serge Bakalian, qui a hérité de l'industrie de son père et a consolidé les actifs à environ 460 millions de dollars ;
- Irani Brothers (farine) : société fondée en 1967, appartenant à la famille ghanéenne d'origine libanaise iranienne, qui a réussi à consolider un patrimoine estimé à 800 millions de dollars ;

- Plot Enterprise (transformation du cacao), société fondée en 2006 par la Ghanéenne Patricia Poku-Diaby, qui a réussi à consolider un capital estimé à 720 millions de dollars. Poku-Diaby a obtenu une partie de son capital initial en héritage de son grand-père, qui était actif dans la commercialisation du cacao avec le gouvernement ghanéen au milieu du 20e siècle ;
- Printex Ghana Ltd. (textile) : entreprise fondée en 1958 par la famille ghanéenne d'origine libanaise, Millet. Les capitaux propres actuels sont d'environ 630 millions de dollars ;
- Metalex Ltd. (tuiles en aluminium) : société fondée en 1984 par le ghanéen Kwabena Agyare Danquah, qui a constitué un actif de 500 millions de dollars US ;
- Azar Chemicals Industries Ltd. (peintures) : fondée en 1968 par Elias Azar, la société opérait dans la commercialisation de peintures sur tout le territoire ghanéen. À partir de 1980, la famille Azar commence à diversifier ses investissements et établit sa propre fabrication de peinture. Ses actifs sont actuellement évalués à 520 millions de dollars ;
- Groupe HITTI (plastique et polystyrène) : fondé en 1973 sous le nom Qualipast par la famille ghanéenne d'origine libanaise Hitti. L'expansion et la diversification ont conduit l'entreprise à opérer dans d'autres pays de la région (Bénin et Niger) également avec la production de produits en plastique et en polystyrène. Les actifs de la famille Hitti sont évalués à 540 millions de dollars américains.

Très capitalisées, ces entreprises opèrent à l'échelle nationale voire régionale, opérant à l'export vers des pays enclavés comme le Niger et le Burkina Faso. Membres de CS, ces industries sont pour la plupart établies depuis plus de deux décennies, ce qui dénote une *mortalité* plus faible par rapport aux fabrications CI : dans le secteur industriel au Ghana, il est à noter le fait que 98 % des établissements sont des micro-établissements formé principalement par des ateliers artisanaux, des manufactures alimentaires et textiles – et dont 67,7 % ont émergé après 2005. En général, ce sont des activités qui opèrent à différents niveaux de capitalisation et qui produisent, fondamentalement, pour le marché national (Ghana Statistical Service, 2022).

2.1.2.3. Commerce et secteur tertiaire

Le commerce est l'une des nombreuses activités qui composent le secteur tertiaire de l'économie. En 2014, il représentait 6 % du PIB du Ghana, derrière le transport et le stockage (11,7 %) et les activités financières et d'assurance (7,3 %), également partie du secteur. Avec une plus petite part dans la richesse totale générée dans le pays, comprennent : l'administration publique, la sécurité sociale et la défense (5,4 % du PIB) ; hôtels et restaurants (5 %) ; activités de service personnel, social et communautaire (3,7 %) ; éducation (3,6 %) ; services immobiliers et activités de soutien administratif et professionnel (3,6 %) ; et information et communication (2,3 %) (Institute of Statistical, Social and Economic Research, 2022).

Comme dans le cas de la fabrication, le commerce est une activité qui se déroule de différentes manières dans les espaces urbains, selon différents degrés de capitalisation et d'organisation des entreprises qui travaillent, la plupart du temps, dans un état informel. De Bolgatanga à Takoradi, le commerce se fait dans les *shopping centres,* les hypermarchés et supermarchés, les bazars, les étals le long des routes, dans les foires et aussi via les marchands ambulants.

Tant les *shopping centers* que les hypermarchés et les supermarchés sont des établissements commerciaux destinés principalement aux classes supérieures et moyennes dans les grands centres urbains du pays et, en particulier, à Accra. Ces entreprises sont souvent elles-mêmes des importateurs, approvisionnant une demande des consommateurs pour des produits étrangers de toutes sortes, en particulier des biens de consommation durables et non durables. Au supermarché *Melcon,* fondé en 1989 par un groupe d'hommes d'affaires ghanéens d'origine indienne, on peut observer la large présence des produits d'*Unilever, Coca-Cola, Nestlé, Pepsico, Johnson & Johnson,* en plus de plusieurs produits industrialisés d'origine asiatique, sud-africains et ressortissants. Il existe également d'autres chaînes de vente au détail dans le pays sous le contrôle d'hommes d'affaires ghanéens, telles que : *A&C Shopping, Evergreen House and Supermarket,* Kwatsons et Lulu *Hypermarket.* Parmi les réseaux étrangers opérant dans le pays, le sud-africain *Woolworths* se démarque.

Ces réseaux, ainsi que de nombreux concessionnaires automobiles (et autres biens de consommation durables), peuvent être compris comme faisant partie intégrante de CS, car ils disposent d'un capital élevé et d'une structure organisationnelle très bureaucratique. Les emplois y sont pour la plupart salariés et formels. Ces entreprises exercent souvent un commerce diversifié (comme dans le cas des chaînes d'hypermarchés et de supermarchés) et elles exercent souvent un commerce spécialisé, comme les concessionnaires de voitures et de motos ; comme le magasin Auto, une entreprise qui appartient à la famille ghanéenne d'origine libanaise, Kalmoni et qui se charge de la vente d'environ 23 % des voitures et 80 % des motos consommées dans le pays, créant ainsi un capital de 700 millions de dollars.

Dans le même temps, desservant non seulement les classes moyennes, mais la grande majorité de la population ghanéenne, il y a des bazars, des foires et du commerce de rue. L'accès à la consommation est une constante dans les zones centrales des villes comme Accra, Kumasi, Takoradi et Tamale et les produits vendus sont de toutes sortes.

Dans les bazars, qui sont des établissements commerciaux situés souvent dans les maisons des vendeurs, il est possible de trouver des produits importés et locaux, de sorte que les aliments transformés prédominent (comme les céréales, les pâtes, les céréales, les boissons gazeuses, les jus et l'eau en bouteille, etc.) et d'hygiène des produits (savon, dentifrice et brosse à dents etc.). Des légumes et des fruits sont aussi parfois vendus. L'organisation du travail est souvent familiale et féminine.

Dans les foires, les étals et le commerce de rue répartis dans les villes ghanéennes, il est possible d'avoir une dimension encore plus claire du large éventail de produits vendus. Lors de foires comme le *Kejetia Market,* situé à Kumasi, il est possible d'identifier une sectorisation qui facilite la pratique de la consommation au milieu de l'espace : des zones de vente de viande (notamment avec la vente de poulets vivants et d'œufs sur les trottoirs) et des morceaux de viande de bœuf et de porc suspendus à des crochets du toit des boucheries ; les zones destinées au commerce des céréales telles que le maïs, le mil et le sorgho, ainsi que l'igname et le manioc ; les zones de commerce de l'habillement, importées pour la plupart des pays asiatiques (Chine, Inde, Bangladesh, Vietnam, Thaïlande et Cambodge) ; divers domaines de commercialisation de l'électronique, et ainsi de suite. Il est intéressant de noter la coexistence – dans l'espace de foire – entre les commerces, les échoppes de trottoir et les vendeurs ambulants, ce qui dénote des conditions différentes de capitalisation des entreprises commerciales

Il existe des marchés, comme le *Makola Market*, situé à Accra, qui se spécialisent dans un type de vente spécifique, comme les légumes. Ce marché vend des oignons, des tomates, du manioc, des ignames, des mangues, des ananas, diverses céréales, du poisson séché, parmi de nombreux autres produits. Une caractéristique notoire de l'activité commerciale au Ghana (et dans la plupart des pays d'Afrique de l'Ouest) est la division entre les sexes : alors que les femmes sont responsables de la commercialisation des produits issus de l'agriculture (photo 7) et de l'industrie alimentaire, les hommes vendent d'autres produits manufacturés, tels que tshirts, jeans, appareils électroniques et électroménagers. Même dans la partie nord du pays – où la population est majoritairement islamique – une grande partie de l'activité commerciale incombe aux femmes, qui font non seulement le commerce dans les bazars, mais aussi dans les rues et le long des routes.

Dans ces activités, qui font partie de la CI du commerce urbain, l'informalité prédomine et l'organisation familiale dispense de manière récurrente de recourir à la main-d'œuvre salariée. C'est un circuit dont la facilité d'entrée varie, il est donc plus difficile de posséder un stand d'oignons au *Makola Market* que de devenir vendeur ambulant.

Le commerce est l'une des activités les plus répandues dans le pays, avec environ 55 % des établissements du secteur tertiaire au Ghana engagés dans la vente et la revente de produits. Parmi ces établissements, 29,2 % se trouvent dans Grand Accra, 24 % dans la région Ashanti et 10,3 % dans la région Ouest. Comme dans le cas des activités du secteur secondaire, les activités du secteur tertiaire (pas seulement le commerce, mais tous les autres) sont majoritairement des micros (79 %) et des petites entreprises (18 %). De plus, environ 70 % des entreprises du secteur sont relativement nouvelles, ayant été fondées entre 2005 et 2014 (Ghana Statistical Service, 2022).

Dans le secteur tertiaire de l'économie ghanéenne, le capital national privé joue un rôle central non seulement dans les activités commerciales, mais aussi dans le transport et le stockage, qui se développent largement selon une organisation moins bureaucratique et des ressources financières limitées.

Malgré l'envergure locale de nombreuses activités du secteur, d'autres sont fortement internationalisées. Grant révèle que les sociétés immobilières et de construction sont des entreprises hautement internationalisées, généralement sous le contrôle de Libanais (13 sociétés), suivis par les Italiens (13 sociétés), les Britanniques (12), les Chinois (10), les

Allemands (9), les Indiens (7) et américains (7) (Grant, 2009). La présence étrangère dans les activités financières est également notoire, notamment dans le cas de la banque sud-africaine *Standard Bank,* qui compte 30 agences et 40 guichets automatiques (répartis sur tout le territoire, mais concentrés dans les villes d'Accra, Tema, Kumasi et Takoradi) ; cependant, les banques nationales (*Bank of Ghana* et *Eco Bank)* sont les plus répandues dans le pays. Les activités d'assurance sont, dans une certaine mesure, sous le contrôle de sociétés ghanéennes très capitalisées comme le *Vanguard Group* et la *House of Duffor,* dont les propriétaires, les familles Awuah-Darko et Duffour respectivement, détiennent plus de 650 millions d'actifs chacune (Goodman AMC, 2022).

2.2. Conditions générales de circulation et de distribution

L'infrastructure est un élément matériel de toute formation socio-spatiale et joue un rôle déterminant dans le mode de production d'un pays. Son importance est centrée sur le fait qu'elle met en mouvement des capitaux, des informations, de la main-d'œuvre et divers types de biens, y compris des matières premières, des machines et divers instruments.

Au Ghana, la sélectivité et la densification de cette base matérielle est notoire et date de la période coloniale. Compte tenu du fait que certaines portions du territoire actuel étaient déjà reliées à des circuits commerciaux à longue distance depuis plus de neuf siècles, on peut considérer que, depuis lors, de nombreux axes de circulation – notamment ceux du nord-sud – ont été fondamentaux pour l'insertion de la région dans l'économie d'échelle intercontinentale du commerce transsaharien et du commerce atlantique.[50]

---

[50] Le transport de marchandises dans le circuit commercial transsaharien (entre le XIIe et le XVIe siècle) était effectué par l'homme et l'animal : en zone forestière, le transport par l'homme prédominait (puisque présence

Jusqu'à la fin du XIXe siècle, les autorités locales – chefs de clans et de rois – étaient celles qui contrôlaient la construction des routes, exerçant ainsi leur souveraineté territoriale. Avec l'imposition coloniale et la formation de la Gold Coast, la mise en place d'infrastructures a servi, fondamentalement, au flux d'une production dont le sens était aliéné des intérêts économiques de la métropole britannique. Un processus corrélé dans la majeure partie du continent s'est ainsi configuré comme une véritable *effusion* de *sang* de l'Afrique, dans laquelle routes, autoroutes et voies ferrées ont été construites par les puissances impérialistes dans le seul but de relier les zones de production de *marchandises* aux ports océaniques.

Réfléchissant à l'importance de la construction d'infrastructures pour le fonctionnement initial des colonies comme moyen d'assurer l'expansion périphérique du capitalisme, Luxemburg déclare que :

> Dans les zones où prévalait auparavant l'économie naturelle [non capitaliste], l'introduction de moyens de transport – chemins de fer, voies maritimes – est vitale pour l'expansion de l'économie *marchande,* signe d'espoir. La marche triomphale de l'économie *marchande* commence ainsi, dans la plupart des cas, par de magnifiques constructions de transports modernes, telles que des lignes de train traversant des forêts pour la première fois, des tunnels traversant des montagnes, des fils télégraphiques traversant des déserts [...] (Luxembourg, 2003, p. 366).

---

de la mouche tsé-tsé, qui rendait difficile l'élevage des animaux) sur les sentiers et les routes ; dans les zones de savane, le transport par des animaux (surtout des chameaux) qui ont également traversé le désert du Sahara, au nord du territoire actuel du Ghana, a prédominé. Le transport de marchandises sur le circuit du trafic atlantique (entre le XVIe et le XIXe siècle) était également effectué par des personnes en zone forestière. Cependant, outre quelques routes reliant les zones de production aux ports de la côte, des pirogues étaient également utilisées sur les rivières Ankobra, Pra et Volta (Davidson, 1985 ; Lovejoy, 2002).

De manière générale, ces infrastructures sont à l'origine de l'établissement de profondes inégalités régionales au sein des colonies (Mazrui, 2011), encore présentes dans la plupart des formations socio-spatiales africaines dans les premières décennies du XXIe siècle. En Côte de l'Or, la production de cacao et d'or a conduit à la densification des routes, des autoroutes et des voies ferrées dans les parties centre-sud du territoire, précisément là où se déroulait la production de *commodities.* L'articulation s'est faite aux ports côtiers, notamment le Port de Takoradi (région Ouest), d'où les marchandises étaient distribuées vers le marché étranger. À la suite de ce processus, de grandes portions du nord du territoire ont été mal intégrées à l'économie coloniale, car elles offraient peu aux régions métropolitaines intéressantes. Ainsi, un écart régional sud-nord marqué s'est consolidé que même pas six décennies d'autonomie postcoloniale n'ont pu résoudre (Aryeetey ; Owusu ; Mensah, 2009).

Les premiers gouvernements du Ghana ont uni leurs forces pour accroître l'intégration du territoire grâce à la construction de nouvelles infrastructures. Au cours des dernières décennies, des capitaux d'État, souvent associés à des investissements étrangers – des organisations américaines, soviétiques, chinoises et multilatérales telles que la Banque Mondiale et le FMI – ont parrainé la construction d'autoroutes, de voies ferrées, de ports, d'aéroports, de réseaux énergétiques électriques et de télécommunications. Il est maintenant intéressant de mieux comprendre ces infrastructures aujourd'hui et comment elles contribuent à la fluidité de la formation socio-spatiale ghanéenne.

2.2.1. Les autoroutes

Le Ghana compte environ 109,5 mille kilomètres de routes construites qui sont classées en routes nationales (19 %), secondaires (63 %) et urbaines (18 %). Jusqu'en 2009, seuls 11,8 % d'entre eux étaient pavés (Central Intelligence Agency, 2022).

Actuellement, les autoroutes sont la principale infrastructure de circulation dans le pays en raison de la quantité de personnes et de marchandises qui y sont transportées, en plus de la ramification territoriale qu'elles atteignent, nettement plus étendue que celle des chemins de fer, des voies navigables et des voies aériennes. Cependant, comme déjà mentionné, le pays connaît une densification routière dans sa partie sud, plus précisément dans Grand Accra et les régions Ashanti, Est, Ouest e Centrale.

Le pays compte 15 routes nationales chargées de l'articulation interne du pays et de son insertion dans la dynamique économique régionale : les routes nationales sont à la fois articulées dans l'axe nord-sud, ce qui permet directement la connexion avec le Burkina Faso et, indirectement, avec le Niger et le Mali ; et dans le sens est-ouest, ce qui permet la connexion directe avec la Côte d'Ivoire et le Togo et, indirectement, avec le Bénin et le Nigeria. De cette manière, une partie de l'articulation nécessaire à la fluidité du bloc économique régional Communauté Économique des États de l'Afrique de l'Ouest (CEDEAO), dont fait partie le Ghana est assurée.

L'institution chargée de formuler les politiques et programmes dans le secteur routier est le *Ministry of Roads and Highways,* créé en 1982.[51] Parmi les principales politiques de ce ministère, on peut citer :

---

[51] Avant 1982, les infrastructures du pays étaient fournies par différents départements et agences de l'État (tels que : *Public Works Department, Ministry of Works and Housing, Department os Social Welfare and Community Development, Ministry of Transport and Communications, Regional Organizations* et *Ghana Civil Aviation Authority*. En janvier 1982, le *Ministry of Transport and Communication* et le *Ministry of Roads and Highways* ont été créés. Ce dernier était en charge des agences ghanéennes des infrastructures routières : *Ghana Highways Authority, Department of Feeder Roads et Department of Urban Roads*. En 2002, le ministère chargé des questions d'infrastructure dans le pays a été rebaptisé *Ministry of Roads and Transport*. En 2003, un autre ministère a été créé, le *Ministry of Ports, Harbours and Railways* (prenant en compte les exigences des sous-secteurs maritime et ferroviaire). En 2005,

- Réintroduction de *la Labor-Based Technology* (LBT) : créée en 1986 et réintroduite en 2009, la LBT est une politique d'entretien des routes secondaires dont l'objectif est de générer des emplois. En outre, il est lié aux activités d'entretien courant et périodique, qui visent à protéger les investissements de l'État dans le développement des infrastructures ;
- Amélioration du financement de l'entretien routier : créée en 2009, il s'agit d'une politique visant à la mise en place progressive du péage automatique. Il existe également des péages manuels, notamment sur les autoroutes et les ponts du sud du territoire. Au total, les péages représentent environ 17 % des revenus du *Road Funds* (un fonds public au service du secteur routier) ;
- Intensification du contrôle de la charge à l'essieu : politique visant à se conformer à la loi *Road Traffic Act 2004* sur la circulation routière (loi 683) et à la loi complémentaire de la CEDEAO sur la charge à l'essieu. Ces lois visent à réduire la surcharge des camions, visant un meilleur contrôle du flux de marchandises, ainsi qu'un impact physique moindre sur les autoroutes. Actuellement, la *Ghana Highway Authority* a construit 14 *Permanents Weighbridge Stations* (PWS), sur un total de 26. Elles sont gérées par des sociétés de logistique privées ;
- Partenariats public-privé (PPP) : politiques qui visent à déléguer à des entreprises privées le financement, la construction et l'entretien de certaines autoroutes du pays. Des exemples de ces PPP sont : le pavage de

---

le sous-secteur aérien a également quitté le *Ministry of Transport* et est devenu une partie du *Ministry of Aviation*. Enfin, en 2009, le secteur des transports a été regroupé et rebaptisé en deux ministères distincts : le *Ministry of Roads and Highways* et le *Ministry of Transport* (Ghana Ministry of Roads and Highways, 2022).

l'autoroute entre Accra-Tema ; dans le dédoublement de l'autoroute Accra-Cape Coast-Takoradi ; et dans la duplication de l'autoroute Accra-Kumasi.

Les autoroutes ghanéennes sont ainsi sous le contrôle direct de l'État, que ce soit en matière de planification, de construction ou d'entretien. À partir de 2011, à travers les PPP, le capital privé (national et étranger) a été plus vigoureusement incorporé, qui a été invité à participer aux processus de construction et d'entretien de certaines autoroutes (Abraham, 2014). Cependant, ces PPP – qui sont encore un autre élément de l'entrée du pays dans la logique néolibérale – sont réalisés dans des zones spécifiques du territoire, notamment dans la partie centre-sud, articulant d'importants pôles économiques nationaux, comme les villes d'Accra, Tema, Cape Coast, Takoradi et Kumasi. Ainsi, lorsque la localisation des zones productrices de *commodities* se superpose au réseau routier national, il est possible de comprendre la logique sélective engagée par les capitaux publics et privés dans la construction des infrastructures de circulation du pays.

Les routes nationales de la zone centre-sud du Ghana sont bien conservées (figure 5). Le long de ces autoroutes, il y a une distribution régulière de stations-service (nationales comme *G-Oil* et étrangères comme *Shell*), où vous pouvez trouver des dépanneurs et des petits ateliers de réparation automobile.

Dans le nord du pays, le réseau routier national est plus petit, moins ramifié et les routes sont de moindre qualité par rapport à celles du centre-sud du territoire. La vitesse d'écoulement est compromise par la présence récurrente de trous et de bosses, notamment dans l'intermédiation des centres urbains. Souvent, ces routes n'ont même pas d'accotements (figure 6).

2.2.2. Les chemins de fer

Le Ghana compte 947 kilomètres de voies ferrées reliant les villes de Tema, Accra, Kumasi et Takoradi. Mis en œuvre pendant la période coloniale – pour transporter le cacao et les minerais – ils ont perdu de l'importance au profit des autoroutes à partir de 1920, de sorte que depuis 2015 les opérations ferroviaires ont été, au moins temporairement, interrompues (Ministry of Transport, 2022). La raison qui a conduit à la réduction progressive de l'utilisation du transport ferroviaire (pour le fret, en particulier) était l'incidence élevée des déraillements, ce qui a compromis la capacité de la *Ghana Railway Company Limited* (GRCL) à transporter des marchandises lourdes en grandes quantités, telles que manganèse et bauxite.

La réduction de l'utilisation des chemins de fer a été progressive : en 2005, le transport de marchandises transportées par rail était de 1,8 million de tonnes, alors qu'en 2009 cette charge avait déjà été réduite à 152 mille tonnes (Abraham, 2014). Dans de nombreux tronçons du système ferroviaire, notamment près de la ville de Takoradi, il est possible d'identifier des signes de détérioration et de mauvaise conservation des voies et des gares.

GRCL a été fondée en 2001 – jusqu'alors c'était une entreprise publique – et opère au service des politiques de développement et d'entretien des *chemins de fer* de la *Ghana Railway Development Authority* (GRDA), qui fait partie du *Ministry of Transport.* Récemment, la GDRA a annoncé qu'elle cherchera à reprendre l'utilisation des chemins de fer sur le territoire, notamment à travers des PPP à capitaux étrangers, comme la société *émirienne Kampac Oil CO* qui, en 2007, avait signé un projet de développement ferroviaire budgétisé en 1,6 milliards de dollars sur le *chemin de fer de* l'Ouest. Par ailleurs, en 2010, un prêt de 4 milliards de dollars US a été accordé par l'Export-*Import Bank of China,* dans le but de prolonger la ligne Takoradi-Kumasi jusqu'à Paga, à la frontière du pays avec le Burkina Faso au nord (Europa Publications, 2022).

Ainsi, le gouvernement a apparemment recherché des investissements extérieurs pour garantir des projets d'infrastructures qui diversifient la matrice de circulation du territoire, qui est actuellement totalement dépendant des autoroutes. Cependant, au milieu des années 2010, la réalité a déclenché la dégradation du système de transport ferroviaire. Il faudra surveiller les années à venir, car elles révéleront dans quelle mesure les politiques de développement et de maintenance de la GDRA ont réussi à relancer les chemins de fer du pays.

2.2.3. Les ports

Reliés aux routes – et autrefois aussi aux chemins de fer – les ports ghanéens jouent un rôle fondamental non seulement dans le dynamisme de l'économie nationale, mais aussi en Afrique de l'Ouest, ayant distribué, par exemple, environ 660 mille tonnes de marchandises vers le Mali, le Niger et Burkina Faso en 2013. Actuellement, deux ports assurent les relations commerciales internationales du pays : Takoradi (région Ouest) et Tema (Grand Accra). Ensemble, ces ports distribuaient environ 16 millions de tonnes de marchandises au milieu des années 2010, et en 2015 le caractère exportateur prévalait à Takoradi (3 millions de tonnes exportées et 2,5 millions de tonnes importées) et importateur à Tema (1,5 million de tonnes exportées et 9 millions de tonnes importé) (Ghana Ports and Harbours Authority, 2015).

Cette dynamique s'explique en partie par la localisation de ces deux ports : alors que Takoradi est situé à proximité des principales zones productrices de *commodities* du pays – notamment le pétrole, le cacao, la bauxite et le manganèse –, le port de Tema est proche d'Accra, qui représente le plus grand marché de consommation national, en plus d'être le siège de différentes activités économiques qui demandent des marchandises importées (Ghana Ports and Harbours Authority, 2015).

Les opérations portuaires au Ghana sont gérées par la *Ghana Ports and Harbours Authority* (GPHA), une autorité de l'État qui fait partie du *Ministry of Transport* et qui a été créée en 1986 dans le but de planifier, construire, entretenir, exploiter et contrôler les ports du pays (Ghana Ports and Harbours Authority, 2015).

Takoradi est le plus ancien port du territoire, ayant été fondé en 1928, pendant la période coloniale. Elle est située à environ 320 kilomètres d'Accra et distribue environ 5 millions de tonnes de marchandises par an. La plupart d'entre eux sont produits dans la formation socio-spatiale elle-même, comme le minerai de cacao, de manganèse et de bauxite, en plus du pétrole. Takoradi abrite également un certain nombre d'entreprises qui fournissent des services au secteur pétrolier du pays, car l'extraction a lieu dans des bassins relativement proches du port (Ghana Ports and Harbours Authority, 2015).

Dans ses principales configurations, le Port de Takoradi se compose d'une crique d'environ 11 mètres de profondeur qui comporte : 9 jetées, une exclusive pour le pétrole, une exclusive pour le clinker [scories de fours sidérurgiques] et l'autre exclusive pour la bauxite ; une cale sèche et un quai flottant ; une zone pour cinq mouillages ; un terminal à conteneurs ; une zone d'activités industrielles et commerciales. Il existe encore des plans d'expansion liés à la création d'un terminal pour les services pétroliers et à l'expansion du brise-lames (Ghana Ports and Harbours Authority, 2015).

Le port a connu deux processus d'expansion, le premier en 1954 et le second en 2003, visant à répondre au volume croissant des exportations nationales. Plus précisément, depuis la découverte du pétrole dans le pays, le trafic dans le port est passé de 4,1 millions de tonnes (avec 594 escales de navires en 2007) à 5,5 millions de tonnes (avec 1,3 mille escales de navires en 2013). En 2013, le port était responsable de 70 % des exportations nationales par voie maritime et de 16 % des importations (Ghana Ports and Harbours Authority, 2015).

De plus, le port de Takoradi joue un rôle important dans la distribution des marchandises en Afrique de l'Ouest, répondant aux demandes de fluidité de pays comme le Mali, le Niger et le Burkina Faso, territoires enclavés. Depuis 2002, le port a distribué une quantité importante de produits à ces pays, tels que des bagages, des conteneurs, des produits chimiques, des équipements miniers, de l'acier, du fer, des produits pétroliers, des véhicules, du riz, du blé, du sucre et des engrais (Ghana Ports and Harbours Authority, 2015).

Le port de Tema est le plus grand port du territoire ghanéen, ayant été fondé en 1962, sous le gouvernement de Nkrumah. Il est situé à environ 25 kilomètres d'Accra et distribue environ 12 millions de tonnes de fret par an. La plupart de ces marchandises comprennent : l'exportation de cacao, de coton, de poisson congelé, de fruits, de noix et d'huile et ; l'importation d'aluminium, de soude caustique, de ciment, de pétrole, de biens de consommation et de divers biens d'équipement (Ghana Ports and Harbours Authority, 2015).

Dans ses principales configurations, le port de Tema se compose d'une crique d'environ 11 mètres de profondeur qui comporte : 12 jetées ; un terminal à conteneurs ; un chantier naval *(PSC Tema Shipyard)* ; deux ports de pêche (un extérieur et un intérieur) ; un marché aux poissons ; un terminal de stockage et de distribution de pétrole (*Golden Jubilee Terminal)* ; et une cimenterie (Ghana Ports and Harbours Authority, 2015).

Le port a une fonction régionale importante, car il exploite des entreprises qui assurent le transport maritime non seulement vers différentes parties de la planète, mais aussi vers les ports d'Abidjan (Côte d'Ivoire). Et, comme prévu par la société *African Independent Feeder Ghana Ltd.*, il y aura dans les années à venir des liaisons fréquentes vers les ports de Calabar (Nigeria), San Pedro (Côte d'Ivoire) et Lomé (Togo).

La participation de capitaux privés a augmenté à Porto de Tema. Actuellement, environ 75 % des activités quotidiennes du port sont réalisées par 11 entreprises privées (nationales et étrangères) qui opèrent surtout dans les activités de logistique portuaire.

Le port est considéré comme le terminal à conteneurs le plus efficace d'Afrique de l'Ouest depuis le début de l'opération *Meridian Port Services* – un partenariat entre GPHA et le britannique *Meridian Port Holdings* –, qui a investi environ 50 millions de dollars dans l'amélioration et la modernisation des opérations de chargement, déchargement, équipements de stockage et de sécurité (Ghana Ports and Harbours Authority, 2015).

Ainsi, Takoradi et Tema jouent le rôle de centres de distribution pour le plus gros volume d'exportations et d'importations du pays. Le Ghana dispose également d'un port sec près de Kumasi, le port intérieur de Briankra, qui est en cours d'expansion (financé par PPP) en vue de devenir un point central de distribution de marchandises vers les pays enclavés de la région. Il est important de noter que l'État joue toujours un rôle central dans la gestion de ces espaces, malgré l'entrée progressive de capitaux privés, notamment à Tema, comme évoqué plus haut.

2.2.4. Aéroports

Le Ghana possède 7 aéroports dans les villes d'Accra (Grand Accra), de Kumasi (région Ashanti), de Takoradi (région Ouest), de Sunyani (région Brong-Ahafo), de Tamale (région Nord) et de Wa (Haute-Région Occidentale). Ces aéroports sont gérés par la *Ghana Civil Aviation Authority* (GCAA), qui, fondée en 1986, est l'agence de régulation du transport aérien du pays. La GCAA garantit la délivrance de licences et de certificats pour l'exploitation des entreprises d'aviation et de logistique, en plus de fournir des services de navigation aérienne au-dessus *d'Accra Flight Information Region,* qui comprend l'espace aérien de la République du Ghana, du Togo et du Bénin, en plus d'une large extension spatiale sur le golfe de Guinée. En 2007, à partir de la GCAA, la *Ghana Airports Company Limited* (GACL) a été créée, dont l'objectif était de planifier, développer et entretenir les aéroports du pays.

L'aéroport international de Kotoka est à 10 kilomètres du centre d'Accra et est le principal aéroport pour la formation socio-spatiale ghanéenne. Fondé en 1946 sous le nom *de Ghana International Airport,* il a ensuite été renommé en 1969 en *Kotoka International Airport* (KIA) en l'honneur du commandant de l'armée Emmanuel Kotoka (1926-1967). C'est un aéroport qui propose des vols quotidiens et directs vers : l'Europe (Royaume-Uni, France, Pays-Bas, Belgique et Portugal) ; Asie (Turquie, Liban, Qatar et Émirats Arabes Unis) ; Amérique du Nord (États-Unis) ; et d'autres pays du continent africain (Burkina Faso, Côte d'Ivoire, Gambie, Guinée, Nigéria, Libéria, Sénégal, Sierra Leone, Togo, Maroc, Égypte, Kenya, Éthiopie, Togo, Afrique du Sud et Rwanda).

KIA possède également un terminal de fret qui a été achevé en 1994 et, en 2009, il a transporté environ 45.000 tonnes de marchandises. En ce qui concerne le mouvement des personnes sur les vols internationaux, l'aéroport était responsable de la distribution de 1,2 million de passagers la même année (un nombre qui a atteint 812.000 en 2005) de différentes parties de la planète : 38 % de l'Europe ; 8,1 % d'Amérique du Nord ; 11,6 % du Moyen-Orient ; 20 % d'autres pays africains et 22,3 % d'autres parties du monde, en particulier la Chine et l'Asie du Sud-Est (Abraham, 2014).

Toujours dans le secteur aérien, il est devenu plus fréquent de faire appel à des sociétés privées – surtout étrangères – pour réaliser des travaux d'agrandissement et de modernisation des aéroports, comme l'entreprise de construction brésilienne Queiroz Galvão, chargée de la modernisation de l'aéroport de Tamale, au nord du pays. Il est important de noter que l'articulation aérienne interne – entre les aéroports d'Accra, Kumasi, Takoradi, Sunyani, Tamale et Wa – est réalisée à travers deux compagnies nationales : *African World Airlines* et *Starbow Airlines,* qui utilisent respectivement des avions brésiliens Embraer 145 et Navires suisses BAe 146. Cependant, en raison des conditions météorologiques, du vent et de la visibilité, ces compagnies voient souvent leurs vols annulés, surtout entre décembre et mars, lorsque survient l'harmattan. Ainsi, l'articulation interne de l'air est encore très instable (Europa Publications, 2016).

2.2.5. Énergie électrique

Le secteur énergétique ghanéen est basé sur la production thermoélectrique (58 %) e. centrales hydroélectriques (42 % du total national). En 2016, la production a atteint 12,5 milliards de kWh et la consommation était de 9,36 milliards de kWh. Alors que la production d'énergie par les centrales hydroélectriques est sous la responsabilité de la *Volta River Auhority* (VRA), la production des centrales thermoélectriques est sous la responsabilité de la *Ghana National Petroleum Commission*, toutes deux membres du *Ministry of Energy and Petroleum* (Ghana Energy Commission, 2022 ; Central Intelligence Agency, 2022).

VRA est une entreprise publique fondée en 1961, sous le gouvernement de Nkrumah. En plus de produire dans des centrales hydroélectriques, l'entreprise utilise également des centrales thermoélectriques et, dans une moindre mesure, des centrales solaires, afin de répondre aux demandes du marché national et international. Sur le marché intérieur, la production d'énergie est destinée à la *Electricity Company of Ghana* (qui consomme environ 60 % du total produit), en plus des sociétés minières et manufacturières. Les exportations se font vers le Bénin et le Togo (racheté par la *Communauté Electrique du Bénin)*, le Burkina Faso (racheté par la SONABEL) et la Côte d'Ivoire (racheté par la *Compagnie Ivoirienne d'Électricité)* (Ghana Volta River Authority, 2022).

La formation socio-spatiale ghanéenne a été extrêmement dépendante de la production d'énergie de la centrale hydroélectrique d'Akosombo (figure 7). Construite entre 1961 et 1965, cette centrale était un élément clé des politiques de substitution aux importations du président de l'époque Nkrumah, qui considérait la nécessité de produire de l'électricité comme une clé du développement industriel, en particulier dans les industries de base. VRA est également responsable de l'usine de Kpong (toutes deux situées dans la région Est) (Ghana Volta River Authority, 2022).

Ce n'est qu'au milieu des années 1990 que le pays a cherché à diversifier sa matrice énergétique. À cette fin, le gouvernement a commencé à investir dans la construction de centrales thermoélectriques (à Tema et Takoradi). De plus, certains panneaux solaires ont été installés à Navrongo (Haute-Région Orientale), mais ils ne sont pas sous le contrôle de la VRA, mais sous le contrôle d'initiatives privées, qui n'utilisent l'énergie que pour cette partie du pays (Ghana Volta River Authority, 2022).

Dans l'ensemble, le système énergétique du Ghana présente un certain nombre de lacunes. Sur l'ensemble du territoire, les pannes sont extrêmement fréquentes et on estime que 25 % de l'énergie est dissipée en raison de la précarité des réseaux de transport (Rupp, 2013).

En plus du gaspillage d'énergie résultant des anciens réseaux de transport – qui remontent à l'époque coloniale dans certaines régions – il existe une possible crise de production des centrales hydroélectriques en raison de l'augmentation de la demande énergétique de la population et de l'économie, en plus des conditions climatiques, telles que les saisons sèches prolongées (Rupp, 2013). Ces facteurs incitent de nombreuses entreprises et hôpitaux à acheter leurs propres groupes électrogènes.

Il est à noter, de nos jours, que l'infrastructure énergétique ghanéenne repose – chaque jour davantage – sur l'entrée de capitaux étrangers, notamment en ce qui concerne la construction et la gestion des infrastructures. La Chine a récemment intensifié ses accords bilatéraux avec le Ghana : sur la construction de la centrale hydroélectrique de Bui (à la frontière entre les régions Nord et Brong-Ahafo) et sur la centrale thermoélectrique de Sunon Asogli Kpone (près de Tema).

L'usine de Bui a été construite par la société Sinohydro – l'un des responsables de la construction de l'usine des Trois Gorges dans la formation socio-spatiale chinoise – et, en échange des prêts et de la construction de l'usine, le gouvernement ghanéen a effectué le paiement via l'exportation de cacao, destiné au marché de l'alimentation et des cosmétiques de luxe du pays asiatique. Les travaux ont commencé en 2013 et ont fourni des emplois à environ 3.000 Ghanéens (Rupp, 2013).

Sunon Asogli Kpone, d'autre part, est un projet destiné au secteur privé et a été préparé par le chef local d'Asogli (Grand Accra) qui a réussi à lever 143 millions de dollars – directement avec le gouvernement chinois et avec la société *Shenzen Energy Group* – pour la construction d'une centrale thermoélectrique d'une capacité de 560 MW, destinée à être utilisée par la population locale. Ainsi, le secteur de l'énergie – ainsi que les autres infrastructures ghanéennes analysées jusqu'à présent – traverse un processus d'ouverture aux capitaux étrangers et aux investissements technologiques dans une structure encore largement étatique.

2.2.6. Télécommunications

Les télécommunications ont leurs politiques formulées par le *Ministry of Communication* et ses diverses agences. En plus d'élaborer des plans qui mènent à l'expansion des infrastructures, ils sont responsables d'une grande partie de leur entretien. Comme les autres infrastructures du pays, les télécommunications sont également passées par un processus d'ouverture aux capitaux privés (nationaux ou étrangers), à travers des PPP pour la fourniture de services et des licences pour l'exploitation de services de communication.

Depuis la fin du 20e siècle, il y a eu une expansion significative des moyens de communication sur le territoire, quand il y a eu la privatisation partielle de *Ghana Telecom,* en 1996, sous prétexte d'une prétendue inefficacité de la société d'État *Ghana Post and Telecommunications Corporation* (GP&T)

répond à la demande de lignes téléphoniques et assure des services de qualité aux consommateurs de tout le pays. Ainsi, l'ouverture aux entreprises privées (nationales et étrangères) du secteur a commencé (Haggarty ; Shirley ; Wallsten, 2012).

En 2018, le Ghana comptait 278.000 lignes téléphoniques fixes (1 pour 100 habitants) et 40,9 millions de lignes téléphoniques mobiles (146 pour 100 habitants) (Central Intelligence Agency, 2022). La forte présence des téléphones mobiles – un fait remarquablement récent – est associée aux performances de différents opérateurs sur le marché national, comme le sud-africain MTN, le britannique *Vodafone,* le luxembourgeois *Tigo* et l'indien *Airtel.* Il est évident que l'utilisation de cette technologie a permis le développement de nouveaux dynamismes dans l'économie nationale, comme cela sera analysé plus loin dans ce livre.

La présence de pylônes de téléphonie mobile est visible dans la plupart des régions du pays non seulement dans les zones urbaines, mais aussi dans les zones rurales, notamment à proximité des autoroutes et des réseaux de transport d'électricité (figure 8).

En ce qui concerne l'accès à Internet, le Ghana a été l'un des premiers pays du continent à avoir accès au réseau informatique international. En 2016, il y avait environ 9,3 millions d'utilisateurs dans le pays (34,7 % de la population) (Central Intelligence Agency, 2022).

Conclusions du chapitre 2

L'espace économique du Ghana en ce début de 21e siècle n'est pas seulement un produit de la contemporanéité. On y trouve de nombreux témoignages matériels et immatériels des périodes antérieures, que ce soit en rapport avec la sphère de la production, de la circulation ou de la distribution. C'est pourquoi la formation socio-spatiale est ici la catégorie fondamentale d'analyse, car elle représente un processus historique de territorialisation du mode de production dans un pays.

Ce mode de production est constitué par des articulations spécifiques – d'ordre national et international – entre les rapports de production et les forces productives qui ne peuvent être vérifiées ailleurs sur la planète, que de manière analogue, grâce à la complexité de l'espace–temps.

Cette territorialisation du mode de production est d'une grande complexité, obligeant à recourir à des catégories génériques – et peut-être moins précises – pour permettre ainsi une analyse organisée et didactique de l'espace en question. Ainsi, des catégories telles que : l'espace rural et l'espace urbain ont été utilisées, deux composantes de la formation socio-spatiale ghanéenne dans laquelle les activités économiques telles que l'agriculture, l'extraction végétale, l'élevage, la pêche (principalement, mais pas exclusivement, dans les espaces ruraux) sont développés l'industrie, l'exploitation minière, le commerce et les services (principalement, mais pas exclusivement, dans les espaces urbains).

Compte tenu de l'expansion du système capitaliste et de l'approfondissement du DIT tout au long du XXe siècle et du début du XXIe siècle, il est clair que la formation socio-spatiale entend aussi organiser ses modes de production en fonction de variables externes liées au marché international, qui détermine ou aide à composer le prix des marchandises. En ce sens, il est essentiel d'identifier qu'il existe des productions destinées au marché étranger et celles qui sont destinées au marché national ou local, car elles sont soumises à différentes combinaisons de forces productives.

Dans les zones rurales, principalement composées de petites propriétés attribuées aux agriculteurs ghanéens en vertu du droit coutumier, deux types de production peuvent être observés. Alors que dans la partie centre-sud du pays il existe des cultures agricoles commerciales (principalement le cacao) destinées à l'exportation, dans le reste du pays, il existe une production diversifiée d'agriculture vivrière (l'élevage et la pêche sont également des activités destinées à la consommation locale). Dans les deux cas, il s'agit d'une production développée par des capitaux nationaux et privés, avec une aide gouvernementale maigre et occasionnelle (principalement à travers des intrants à la production). Encore faut-il ne pas ignorer le rôle que joue la nature dans ce type d'espace, surtout compte tenu de la production agricole historiquement peu mécanisée. De cette façon, les forces productives sont combinées avec les conditions de végétation, de sol, de climat, de roche et de relief de l'espace.

L'espace urbain au Ghana, quant à lui, est dominé par les activités de fabrication, de commerce et de services qui sont structurées à différents niveaux de capitalisation et d'organisation. Les activités non enregistrées auprès du gouvernement – dites informelles – sont la grande majorité des micros et petites entreprises, utilisant la main-d'œuvre familiale et exploitant leurs entreprises à l'échelle locale, régionale et, éventuellement, nationale. Il s'agit d'entreprises dynamiques et diversifiées (ateliers, petites manufactures, commerces et établissements de services divers) démarrées grâce à la petite épargne familiale des entrepreneurs eux-mêmes qui, en plus d'être propriétaires, travaillent également dans l'entreprise, souvent en tant qu'indépendants.

Les entreprises plus capitalisées, quant à elles, sont moins présentes dans le nombre global d'entreprises du pays, mais sont enregistrées auprès de l'État, ce qui facilite l'obtention de prêts publics, par exemple, et les partenariats avec l'État. Il est également intéressant de noter leur dynamisme, puisque les plus importants d'entre eux ont, au fil du temps, commencé à diversifier leurs activités, opérant, par exemple, à la fois dans l'industrie, le commerce et les services financiers.

La circulation et la distribution des biens et services sont des variables structurelles de l'espace économique d'un pays. En ce sens, deux aspects relatifs aux infrastructures présentes au Ghana méritent d'être soulignés. Le premier découle du fait que la plupart d'entre eux sont situés dans la partie centre-sud du territoire ; un fait hérité du passé économique colonial et qui, même au début du XXIe siècle, est fondamental pour comprendre la base matérielle de la formation socio-spatiale en question. Dans ce processus de densification sélective des infrastructures, les grandes zones du nord du territoire ont moins d'options de fluidité.

L'autre aspect est la relation entre le capital étatique et le capital privé (domestique ou étranger). Au cours des premières décennies du 21e siècle, le Ghana a intensifié certaines de ses politiques d'ouverture économique vers les entreprises privées. Les PPP et autres formes de partenariats (tels que les accords bilatéraux avec la Chine) révèlent que l'État a réduit son rôle en tant que financeur, constructeur et mainteneur d'infrastructures, bien qu'il reste la pièce maîtresse de la planification des infrastructures.

L'espace économique ghanéen au début du 21e siècle est tiré de la relation entre l'État (ses ministères et agences), le capital d'État, le capital privé étranger et le capital privé national. Ces capitaux ont tendance à agir dans des activités spécifiques et, au cours du processus de production, de circulation et de distribution, ils établissent des relations qui peuvent être d'interdépendance ou de conflit.

Des portions spécifiques de cet espace économique sont responsables de l'intégration du Ghana dans le DIT contemporain. Ce sont précisément eux qui produisent, circulent et distribuent les *commodities* du pays, qui, à leur tour, forment des circuits spatiaux de production qui seront l'objet d'analyse dans le prochain chapitre.

Figure 2 : Végétation arbustive de la savane guinéenne dans Mole National Park (région Nord)

Cliché de l'auteur, 2016

Figure 3 : Producteurs de légumes à Paga (Haute-Région Orientale)

Cliché de l'auteur, 2016

Figure 4 : Production d'huile de palme dans les environs de Tarkwa (région Ouest)

Cliché de l'auteur, 2016

Figure 5 : Route goudronnée entre Accra et Kumasi, près de Koforidua (région Est)

Cliché de l'auteur, 2016

Figure 6 : Autoroute partiellement pavée entre Paga et Bolgatanga (Haute-Région Orientale)

Cliché de l'auteur, 2016

Figure 7 : Centrale hydroélectrique d'Akosombo sur le lac Volta (région Est)

Cliché de l'auteur, 2016

Figure 8 : Tours de transmission de signaux de téléphonie mobile entre Accra et Kumasi, près de Koforidua (région Est)

Cliché de l'auteur, 2016

Chapitre 3

LES EXPORTATIONS ET LES CIRCUITS SPATIAUX DE LA PRODUCTION DES *COMMODITIES*

"Nous ne sommes pas ici pour vous donner une interview." Cette déclaration catégorique a été faite par l'un des employés d'une multinationale sud-africaine qui extrait de l'or dans la périphérie de la ville de Tarkwa (région Ouest). Après quatre mois à essayer, sans succès, de fixer un rendez-vous par téléphone et par courriel à la société minière, la dernière tentative trouvée fut de s'y rendre en personne. Après 30 minutes d'insistance pour accorder l'entretien *in loco* – avec des arguments qui commençaient par "l'importance du travail de terrain pour la science" et se terminaient par "avez-vous une idée du nombre d'heures qu'il m'a fallu pour arriver ici ?" – vint la frustration et, en même temps, la compréhension brutale du pragmatisme des entreprises. Vraiment, ils ne sont pas là pour les interviews. Aucune satisfaction.

Le centre de Tarkwa est relié à la mine exploitée par la société sud-africaine via *Tarkwa Road*. En marchant pendant 20 minutes le long de l'autoroute, vous pouvez voir des cabanes en bois avec un toit de toile noire au fond de la vallée. Sous cette caserne, il y avait un groupe de dix hommes, tous assis, discutant. L'équipement sur le site ne laissait aucun doute sur le fait que l'exploitation artisanale de l'or à petite échelle s'y déroulait, une activité très courante dans la partie centre-sud du pays.

Actuellement, il y a un discours répandu dans les journaux locaux et les articles scientifiques sur les impacts négatifs de ce type d'exploitation minière au Ghana. On dit beaucoup sur la façon dont l'utilisation de techniques artisanales d'extraction et de traitement de l'or a été responsable de la contamination des sols, de l'envasement des rivières et de la dévastation de la couverture végétale dans le pays. Par ailleurs, il existe de nombreux rapports anecdotiques sur des pratiques de violence parmi les travailleurs de cette activité, qui travaillent, pour la plupart, dans une situation d'informalité et, donc, dans ce cas, d'illégalité.

Ces cabanes représentent cependant une autre façon de produire. Là, vous n'êtes pas face à une grande société transnationale hautement capitalisée et bureaucratique. Les ouvriers là-bas n'ont pas d'uniformes ni d'emplois en plâtre. Ces casernes ne paient pas d'impôts avec des programmes d'éducation spéciale ou de préservation de l'environnement. Ils ne reçoivent pas d'incitations de l'État. Pourtant, malgré tout cela, on y produit aussi de l'or.

Arrivé là-bas, j'ai discuté avec Boateng, le plus vif du groupe de mineurs et qui a monopolisé l'entretien inattendu, qui a duré plus de 3 heures. Ils m'ont offert de l'eau et du cognac. Ils m'ont expliqué toutes les étapes de l'extraction du minerai et m'ont dit, avec une fierté remarquable, que l'équipement dont ils disposaient avait été importé de Chine et acheté d'occasion sur le marché local. De plus, Boateng a évoqué la flexibilité du travail et la relation non bénéfique avec le gouvernement, qui, selon lui, était là pour « défendre les grands ». Il a aussi parlé des préjugés dont souffre l'activité dans le pays, et, selon lui : « c'est nous qui avons une technique plus proche de celle de nos ancêtres ! ».

3.1. Exportations

Au début du 21e siècle, l'exportation de *commodities* représente l'un des principaux moyens d'entrée du Ghana dans l'économie mondiale. Comme expliqué au chapitre 1, une telle insertion a été historiquement forgée par la colonisation britannique à la fin du XIXe siècle : c'est à cette époque qu'a eu lieu une profonde réorganisation des rapports de production et des forces productives dans l'espace en question, visant à répondre aux exigences commerciales des marchés en expansion sous l'égide du capitalisme industriel et bancaire européen. Des frontières artificielles traversaient en deux les États préexistants, leur imposant une structure économique visant la production et l'exportation de produits agricoles et de ressources naturelles.

Tout en gardant à l'esprit le fait que ce livre ne traite pas de l'Afrique, il est essentiel de préciser que le Ghana est situé sur un continent qui a l'un des plus grands potentiels pour l'exploration des *commodities* minérales aujourd'hui. On estime que l'Afrique possède : 42 % de la bauxite mondiale ; 35 % de l'uranium ; 42 % de l'or ; 57 % de cobalt ; 39 % de manganèse ; 73 % de platine ; 88 % de diamants ; 10 % d'huile ; et 5 % de cuivre (Grant, 2015). De plus, dans les zones de forêts équatoriales et tropicales, il existe une intense activité d'extraction de divers types de bois. En ce qui concerne l'agriculture commerciale, de grandes portions de terres arables sont utilisées pour cultiver du coton, du cacao, des arachides, de l'huile de palme, de la canne à sucre, du café et des clous de girofle.

En Afrique de l'Ouest, il est possible d'observer plus en détail l'importance des produits agricoles, végétaux et minéraux dans l'agenda d'exportation de la région (tableau 3). Le fait que cet agenda soit historiquement centré sur des produits à faible valeur ajoutée – car peu transformés au niveau national – a été responsable de la forte vulnérabilité économique de ces pays, étant donné que les valeurs de ces *commodities* fluctuent à des niveaux importants au marché international.

Une compréhension plus profonde de cette condition économique ne peut être construite qu'en analysant chaque formation socio-spatiale de la région. Cependant, il est possible de relever un certain nombre de caractéristiques communes sur le développement des économies ouest-africaines qui pourraient à terme s'étendre à une grande partie du continent.

Tableau 3 : Principaux produits exportés par les pays d'Afrique de l'Ouest en 2017

Parents	Principaux produits exportés
Bénin	Coton, noix de cajou, beurre de karité, tissus et dérivés de l'huile de palme
Burkina Faso	Or, coton et bétail
Cap-Vert	Carburant (réexportations), chaussures, vêtements, poisson et cuir
Côte D'Ivoire	Cacao, café, bois, huile et coton
Gambie	Dérivés d'arachide, de poisson, de coton fibre et de palmiste
Ghana	Or, pétrole, cacao, bois, bauxite, aluminium et manganèse
Guinée	Bauxite, or, diamants, café et poisson
Guinée Bissau	Poisson, crevettes, noix de cajou, cacahuètes et palmiste
Libéria	Caoutchouc, bois, fer, diamant et cacao
Mali	Coton, or et bétail
Mauritanie	Fer, poisson (et dérivés), or, cuivre et pétrole
Niger	Uranium, bétail, niébé et oignons
Nigeria	Pétrole et dérivés, cacao et caoutchouc
Sénégal	Poissons, arachides, produits pétroliers, phosphates et coton
Sierra Leone	Diamant, rutile, cacao, café et poisson
Togo	Réexportations, coton, phosphates, café et cacao

Source : Central Intelligence Agency, 2022

En obtenant leur indépendance politique des métropoles européennes dans les années 1960 et 1970, la plupart des pays africains ont cherché à diversifier leur production et à subvertir leurs rôles établis dans le DIT de l'ère coloniale. La solution trouvée par beaucoup fut la mise en œuvre de la politique de substitution des importations, qui visait à réduire l'achat de produits manufacturés des nations du soi-disant Premier Monde par le développement de l'industrie nationale, assurant ainsi une augmentation de l'excédent de la balance commerciale. Ces politiques ont été mises en œuvre dans des pays tels que la République démocratique du Congo (Afrique centrale), le Zimbabwe (Afrique australe), le Nigéria (Afrique de l'Ouest) et le Kenya (Afrique de l'Est).

Principalement financées par des capitaux publics, ces industries nationales produisaient principalement des biens de consommation non durables et, dans certains cas, des biens de production. Cependant, ces projets d'industrialisation nécessitaient des ressources volumineuses en raison de la nécessité d'importer des biens d'équipement pour le fonctionnement des usines de fabrication. Le financement de l'achat de ces biens a été réalisé grâce aux ressources obtenues par l'exportation des *commodities* (Amin, 1992 ; Mkandawire, 1992 ; M'Bokolo, 2011).

Au cours de cette période, de nombreux pays du continent ont réduit leur dépendance vis-à-vis des importations de produits industrialisés. Cependant, ils n'ont pas réussi à devenir des exportateurs de produits manufacturés, de sorte qu'ils ont maintenu une partie de leur participation à l'économie internationale grâce à l'approvisionnement en ressources minérales et en produits agricoles et végétaux. La récession économique des années 1980 – résultant des crises pétrolières des années 1970 et de la dévaluation des prix des *commodities* – a été responsable de la baisse des recettes fiscales dans ces États et, par conséquent, des investissements dans leurs industries (Wagao, 1992 ; M'Bokolo, 2011).

Face à la crise, les politiques néolibérales se sont consolidées dans les années 1980 comme une sorte de recette pour les pays africains en phase de récession. Dans ce contexte, le Ghana a été le principal laboratoire des programmes d'ajustement économique créés par le FMI et la Banque Mondiale sur le continent. Les politiques mises en œuvre visaient : l'ouverture des marchés nationaux aux capitaux étrangers (généralement privés) ; la privatisation des entreprises publiques (associée à la tentative de réduire le rôle de l'État à un agent de régulation économique) et ; ajustements budgétaires et monétaires.

Le scénario néolibéral avait encore un mécanisme insidieux pour les pays en crise : les investissements débloqués par les agences multilatérales avaient des destinations sectorielles, de sorte qu'ils étaient précisément orientés vers des activités liées à l'agriculture et à l'extraction minière et végétale, et non vers des activités qui favoriseraient l'industrialisation et la diversification productive des pays (Campbell, 2009).

Ainsi, ce processus nous amène à croire qu'il y a aujourd'hui une reprise du rôle des pays africains dans le DIT qui s'apparente à la période coloniale. Il importe cependant d'être prudent dans ce type d'analyse, étant donné que les relations de production au sein de chaque formation socio-spatiale africaine ne sont pas corrélées avec celles des premières décennies du XXe siècle. Cela signifie, en d'autres termes, que la souveraineté territoriale présente de nouvelles possibilités d'organisation des forces productives nationales et, par conséquent, de nouvelles possibilités d'accords commerciaux et de partenariats internationaux. Actuellement, il existe un intérêt croissant pour les investissements des pays asiatiques et latino-américains sur le continent, tels que la Chine, l'Inde, les Émirats arabes unis, la Turquie, la Malaisie, Singapour et le Brésil, entre autres. En interne, les investissements sud-africains, égyptiens et nigérians ont augmenté, par exemple, dans plusieurs pays africains.

Il est intéressant ici de comprendre comment l'éducation socio-spatiale du Ghana a organisé ses forces productives pour répondre aux exigences du marché international, un aspect qui correspond à une part importante des insertions du pays dans le DIT. Ainsi, les circuits spatiaux de production destinés à l'exportation – or, manganèse, bauxite, diamant, pétrole et cacao – seront analysés dans les pages suivantes.

3.2. Or, Manganèse, Bauxite et Diamant

Comme tant d'autres formations socio-spatiales africaines, l'exploration des ressources minérales correspond à l'activité principale exercée par les forces productives opérant au Ghana. La dimension de ce rôle de premier plan se lit dans les statistiques économiques récentes : en 2018, l'or, le manganèse, la bauxite et le diamant représentaient ensemble plus de 50 % de la valeur obtenue à partir des exportations. Il existe également des réserves d'argile, de kaolin, de sable, de calcaire, de fer, de quartz et de sel dans le pays, mais celles-ci sont peu explorées commercialement (Varley ; White, 1958 ; Bank of Ghana, 2019).

Les conditions géologiques du territoire en question justifient la diversité des minéraux disponibles pour l'économie. La plupart des ressources exploitées sont situées dans les parties sud, sud-ouest et ouest du pays ; zones d'occurrence prédominante de roches paléo protérozoïques qui se subdivisent en trois groupes : Tarkwa *(quartzite*, phyllite, *gravillons* et conglomérats), Birimien supérieur (laves métamorphisées et roches pyroclastiques) et Birimien inférieur (phyllite, schistes) (Schluter, 2006). Évidemment, la répartition de ces ressources est aussi une variable qui influence la configuration des déséquilibres régionaux au Ghana.

Ce n'est qu'à la fin des années 1980 que les ressources minérales ont pris une plus grande importance dans l'agenda d'exportation du pays, prenant la place prépondérante qu'occupait le cacao au cours des décennies précédentes. Cela est dû au fait que les politiques économiques néolibérales du gouvernement Rawlings ont cherché à augmenter la productivité dans l'exploitation minière, car elles considéraient l'activité stratégique pour stimuler le PIB (Hutchful, 2002).

De telles politiques – en particulier la *Minerals and Mining Law,* de 1986 – ont opéré de profondes transformations dans les relations de production, permettant l'entrée de capitaux privés, principalement étrangers, dans des activités qui étaient historiquement sous le contrôle du capital de l'État. Ainsi, depuis la fin des années 1980, différentes sociétés – d'origine américaine, canadienne, australienne, sud-africaine et chinoise

– ont obtenu une licence du gouvernement ghanéen pour explorer les ressources minérales du pays.

En outre, les politiques de la fin des années 1980 ont également régularisé les opérations minières à petite échelle, interdites depuis l'époque coloniale. Ainsi, en plus des sociétés fortement capitalisées possédant des techniques de production modernes et performantes, le secteur a également commencé à s'appuyer sur le travail de petits mineurs qui, moins capitalisés et avec des techniques plus simples, cherchent de l'or et des diamants dans différentes parties du territoire (Akabzaa ; Darimani, 2001 ; Akabzaa, 2009).

À partir de ce moment, il est intéressant de comprendre plus en profondeur l'organisation des relations de production dans l'exploitation minière ghanéenne. Par conséquent, il sera nécessaire de caractériser les lois relatives à l'activité, ainsi que les actions récentes de l'État auprès des entreprises impliquées dans l'exploration de l'or, du manganèse, de la bauxite et des diamants. La compréhension des rapports de production est fondamentale pour que les circuits spatiaux de production soient des objets d'analyse.

3.2.1. Relations de production et législation dans l'activité minière

La tradition minière du territoire ghanéen est vieille de plusieurs siècles. Comme déjà mentionné au chapitre 1, l'or ouest-africain fait partie des circuits commerciaux transsahariens et atlantiques depuis les XIIe et XVIe siècles respectivement, approvisionnant les demandes des marchés situés en Afrique du Nord, en Europe et au Moyen-Orient.[52]

---

[52] Dans les territoires Ashantis, l'or a été trouvé à la fois dans les mines et dans les rivières (ce qu'on appelle l'or alluvial), ce qui a permis le développement de techniques minières et minières sophistiquées. L'extraction de l'or dans les mines était un processus extrêmement complexe : la première difficulté était de le trouver. Une fois cela fait, la construction de puits et l'enlèvement de terre et de roches à l'aide d'instruments manuels ont commencé. Ensuite, le minerai devrait

À la fin du XIXe siècle, la colonisation du Royaume-Uni sur le royaume Ashanti a bouleversé les relations de production d'or de la région, en imposant la propriété de la Couronne britannique sur les ressources naturelles par les *Land Bills* de 1894 et 1897. La production est devenue dirigée par grandes sociétés minières européennes, dont les techniques d'extraction étaient capables d'obtenir des rendements supérieurs à ceux utilisés par les Ashantis et autres populations locales. La prédominance du capital européen dans l'exploration minière de la Gold Coast a duré jusqu'à la fin de la période coloniale (Boahen, 1975).[53]

Entre les années qui s'étendent de l'indépendance au milieu des années 2010, deux périodes fondamentalement distinctes dans l'organisation des relations de production dans l'économie minière au Ghana peuvent être identifiées : la première va de 1957 à 1986 et la seconde de 1986 à nos jours.

Au cours de la première période, l'activité d'extraction et de traitement des minerais était exercée, pour l'essentiel, par le capital de l'État. À cette époque, l'exploitation minière

---

être fragmenté à la main pour ensuite aller au four, où l'or serait libéré à partir d'autres minéraux. L'or alluvial, quant à lui, a été trouvé dans les rivières dans de fins fragments de roche qui ont été tamisés et soigneusement analysés. D'une manière ou d'une autre, ces techniques ont permis, selon les calculs de l'historien français Raymond Mauny, une production annuelle d'environ quatre tonnes d'or tout au long du XVIe siècle (Davidson, 1985).

[53] Boahen fait remonter l'esprit pionnier de l'exploitation minière moderne de la Gold Coast à Tomas Hughes, né et instruit à Cape Coast. Au début des années 1860, Hughes importa même des machines pour extraire l'or à Wassa (dans la région ouest de la colonie). Bien qu'ayant réussi à exploiter une riche réserve en 1861, le chef local lui a ordonné d'arrêter les opérations et sa machinerie a été détruite. Des années plus tard, en 1877, le marchand et aventurier français connu sous le nom de « Bonnat » créa une société – l'*African Gold Coast Company* – et acquit la première de nombreuses concessions d'exploration dans le district de Tarkwa (région Ouest). Ses opérations débutent en 1878 et accentuent la ruée vers l'or dans la colonie, donnant naissance à plusieurs sociétés d'exploration minière (Boahen, 1975).

n'était pas une priorité pour les gouvernements successifs, de sorte que la plupart des devises étrangères du pays étaient obtenues grâce à l'exportation de cacao et de bois (Anin, 1989). En tout cas, tant dans les administrations de Nkrumah (1957-1966) que d'Acheampong (1972-1978), une série de mesures responsables de la nationalisation de l'activité a été mise en place.

En 1961 fut fondée la *State Gold Mining Corporation* (SGMC) qui regroupait cinq mines d'or exploitées par des sociétés britanniques et qui étaient sur le point de fermer : Bibiani, Tarkwa, Prestea (région de l'Ouest), Konongo (région Ashanti) et Dunkwa (région Centrale). L'objectif principal du gouvernement en acquérant ces mines était d'éviter l'augmentation du chômage dans le pays avec leur fermeture éventuelle. L'année suivante, en 1962, le *Mineral Act* a été approuvé, une loi qui « accordait à l'État le contrôle de tous les minéraux situés sur le territoire de la République du Ghana et ceux situés dans ses territoires maritimes » (Anin, 1989, p.33).

Le projet de faire de l'État l'institution centrale des relations de production dans le secteur minier s'est intensifié sous le gouvernement d'Acheampong qui, à l'aide du *Mining Operation Decreet,* a défini que 55 % de la composition du capital de l'*Ashanti Goldfields Corporation* (AGC) – la plus grande société minière opérant au Ghana à l'époque[54] – appartiendrait au gouvernement. Avec cela, l'AGC a fini par transférer son siège de Londres à Accra la même année (Anin, 1989).

---

54 L'Ashanti *Goldfields Corporation* (AGC) a commencé ses activités sur la Gold Coast à la fin du XIXe siècle : en 1897, le britannique EA Cade (société *Smith and Cade Company)* a acheté une mine à Obuasi (région Ashanti*)* où ils travaillaient plus 200 personnes. Cette mine était sous la direction de trois Ghanéens (JE Ellis, JE Biney et JP Brown) qui ont cédé à l'offre de Cade (Boahen, 1975). Des années plus tard, la *Smith and Cade Company* deviendrait *Ashanti Goldifield.*

La nationalisation a également été vérifiée dans l'exploration d'autres ressources minérales. Dans le cas du manganèse – exploré depuis 1923 par l'*African Manganese Company Limited* (AMCL) (filiale de l'*US Union Carbide Corporation)* – les relations de production étaient sous contrôle étatique en 1973, avec la fondation de la *Ghana National Manganese Corporation* (GNMC), responsable de l'extraction, du traitement et de la commercialisation du minerai (Ghana Manganese Company, 2022).

Dans le cas de la bauxite, le gouvernement d'Acheampong a créé une *joint-venture* avec le britannique *Alcan Chemicals Europe* (ACE), qui opérait déjà dans l'exploration et le traitement du minerai dans le pays depuis 1940. En 1974, 55 % des actifs de la société le capital a été transféré à l'État et 45 % sont restés sous le contrôle d'ACE, une société qui est devenue responsable de l'entrée des services spécialisés et de l'administration des opérations (Bird, 1994).

Le diamant a subi un processus de nationalisation similaire à celui de la bauxite, mais deux ans plus tôt. En 1972, le gouvernement a créé le *Ghana Consolidated Diamonds* (GCD), qui contrôlait 55 % des avoirs du *British Consolidated African Selection Trust* (CAST), qui opérait dans l'exploration de la ressource depuis 1924, toujours pendant la phase coloniale.

En ce qui concerne la productivité au cours de cette première période, une certaine stabilité peut être observée au cours des années 1960 et du début des années 1970. Cependant, tant les crises pétrolières (en 1973 et 1979) que la dévaluation des prix des *commodities,* ajoutées aux nombreux problèmes internes de l'économique de l'époque (taxes à l'importation élevées, surévaluation du *cedi*, réduction des investissements dans l'industrie et forte inflation et accusations de corruption) justifiaient la réduction des investissements de l'État dans le secteur et, par conséquent, la baisse visible de la production à la fin des années 1970 et années 1980.

Face à ce scénario, en 1979, sous le gouvernement Limman, un comité a été créé avec l'objectif d'analyser la situation critique de l'activité minière et d'élaborer des suggestions pour augmenter sa productivité. Achevé en 1980, le rapport, appelé *Quarshie Report,*[55] assuré que :

> Le niveau actuellement déprimé de la production d'or peut être attribué à plusieurs facteurs, notamment : une mauvaise planification, le manque de développement des gisements minéraux, l'obsolescence des usines et des machines, et le manque de ressources financières et humaines (Anin, 1989, p.39).

Le rapport mentionne également d'autres facteurs aggravants au développement des forces productives dans le secteur minier, tels que : la précarité des infrastructures ferroviaires, routières et portuaires ; la rareté et le coût élevé de la nourriture pour les travailleurs (en raison de l'inflation et de la crise alimentaire à laquelle le pays a été confronté à la fin des années 1970 et au début des années 1980) ; et la fréquence des vols d'or et des pratiques de contrebande dans les zones d'exploration (Anin, 1989).

Ce rapport a contribué à point nommé à épaissir le discours sur l'inefficacité supposée du capital étatique dans l'économie nationale. Ainsi, dans les années 1980, dans le contexte de l'adoption de politiques économiques néolibérales, il y a eu une réorganisation normative qui a entraîné de profonds changements dans les rapports de production dans l'activité minière.

La mesure la plus importante prise par le gouvernement de Rawlings pour permettre la croissance économique dans le secteur minier a été l'introduction de la *Minerals and Mining Law (*PNDC 153) de 1986 (Hutchful, 2002). Cette loi a attiré des capitaux privés, principalement étrangers, et, en même temps, elle a régularisé l'activité minière à petite échelle. En ce

---

[55] Le rapport tire son nom du fait qu'il a été préparé sous la direction de Lloyd Quarshie, un ingénieur minier ghanéen (Anin, 1989).

qui concerne les attributions de l'État au vu de ce nouveau contexte économique, Hutchful mentionne que cette loi : « [...] Elle a établi la *Mineral Commission* pour réguler le secteur et libéraliser davantage le scénario minier, créant des avantages considérablement nouveaux pour les investisseurs dans la région » (Hutchful, 2002, p. 83).

Outre la privatisation progressive des entreprises publiques ghanéennes, l'ouverture du marché à de nouveaux investissements a fait de l'État une sorte de régulateur de la performance du capital privé par le biais d'agences étatiques, telles que la *Mineral Commision* et le *Geological Survey Department* susmentionnés. Cependant, il est important de noter que la loi de 1986 a également réaffirmé la propriété de l'État sur toutes les ressources minérales disponibles sur le territoire. Selon Anin, « le gouvernement a le pouvoir d'obtenir, à titre obligatoire, toute terre qui pourrait être nécessaire pour garantir le développement ou l'utilisation de ses ressources minérales » (Anin, 1989, p.48).

Conséquence immédiate de cette transformation juridique, plus de 55 permis de prospection aurifère ont été accordés entre 1986 et 1989 à des sociétés privées, dont trois ont démarré la production à la fin des années 1990 : *Bogosu Resources* (canadien); la *Goldenrae Mining* (une *joint-venture* entre Luxembourg IMT *International de Luxembourg*, la société canadienne *Sikaman Gold Resources of Canada* et le gouvernement ghanéen) ; et *Teberebie Goldfields Limited* (*joint-venture* américaine et ghanéenne) (Hutchful, 2002).

En 2006, le *Minerals and Mining Law a* été remplacé par le *Minerals and Mining Act* (Act 703), qui a réaffirmé la propriété de l'État sur les ressources minérales, dès le premier article (Campbell, 2009). Cette nouvelle législation était plus attrayante pour les investissements étrangers, car elle instituait une réduction des impôts et maintenait des conditions favorables aux incitations de l'État (tableau 4).

Tableau 4 : Incitations fiscales et redevances dans l'exploitation minière au Ghana en vertu de la Minerals and Mining Law et Minerals and Mining Act.

Articles	**Droit minier et minier (Loi PNDCL 153) 1986**	**Loi sur les minéraux et les mines (Loi 703) 2006**
Déduction en capital initiale	75 %	75 %
Déduction en capital subséquente	50 %	50 %
Allocation d'investissement	5 %	5 %
Pertes accumulées (dues à la fiscalité)	25-80 %	25-80 %
Allocation de recherche et développement ; Droit d'importation ; taxe de change	Libre	Libre
Impôt sur le revenu	45 %	25 %
Redevance	3-12 %	3-6 %
La retenue d'impôt	10 %	10 %
Impôt sur les plus-values	10 %	10 %
Impôt additionnel sur les bénéfices	25 %	0 %
Autres (part du capital public dans la concession du périmètre concédé)	10-30 %	10 %

Source : Campbell, 2009

Actuellement, l'activité est organisée par le *Ministry of Lands and Natural Resources* qui, à travers le *Geological Survey Department* et la *Mineral Commission,* supervise tous les aspects de l'exploitation minière dans le pays : le premier fournit des informations géologiques à jour sur le territoire ; tandis que la seconde est responsable de la réglementation et de l'administration des ressources minérales, en plus de coordonner les politiques relatives à l'activité (et par l'intermédiaire de sa *Inspectorate Division*, la *Mineral Commission,* institue des normes environnementales, de santé et de sécurité pour les entreprises opérant dans le pays) (Ghana Chamber of Mines, 2019).

Il existe trois types de licences accordées par le *Ministry of Lands and Natural Resources* aux entreprises visant à opérer au Ghana : la licence de reconnaissance, la licence de prospection et la concession minière (KPMG Global Mining Institute, 2014).

La licence de reconnaissance a une durée maximale d'un an et peut être renouvelée pour une autre année. La zone de licence peut atteindre 5.000 blocs contigus (chaque bloc équivaut à environ 21 hectares). Le titulaire de ce permis ne peut effectuer que des levés géochimiques et photo géologiques (et peut également utiliser d'autres techniques de télédétection) (KPMG Global Mining Institute, 2014).

Ensuite, l'entreprise peut demander une licence de prospection. Cette licence a une durée de trois ans et peut être renouvelée pour trois autres. La superficie concédée est de 750 blocs et, en cas de renouvellement, la concession est limitée entre 125 et 375 blocs. Cette licence donne le droit exclusif de rechercher un minéral spécifique. Des investigations géologiques, géophysiques et géochimiques, en plus du forage et de la prospection (et d'autres techniques souterraines), permettent de déterminer l'étendue et la valeur économique des réserves minérales (KPMG Global Mining Institute, 2014).

Enfin, si des gisements ayant une valeur commerciale justifiant une exploration à long terme sont découverts, la société demande une Concession Minière. Cette concession a une durée de trente ans et peut être renouvelée pour trente autres. La superficie concédée est, au maximum, de 300 blocs contigus. Cette concession permet de faire de l'exploration minière en grande quantité et dans l'objectif d'en tirer profit. En plus de cette concession, accordée par le *Ministry of Lands and Natural Resources,* l'entreprise doit également obtenir des permis de la *Forestry Commission* de la *Environmental Protection Agency et* de la *Water Resources Commission* (KPMG Global Mining Institute, 2014).

D'une manière générale, l'ouverture de l'économie minière aux capitaux privés (étrangers et nationaux) depuis la fin des années 1980 a assuré l'entrée d'entreprises fortement capitalisées et dotées de techniques de production performantes. Dans le même temps, les petits mineurs ont également intégré l'activité, mais avec d'autres conditions productives. La somme de ces deux échelles d'exploitation était responsable de la croissance de la production minière dans le pays entre 1985 et 2010.

Compte tenu des rapports de production contemporains, il convient d'analyser comment les forces productives – régulées par l'État – s'organisent autour du grand capital (représenté par les grandes sociétés internationales) et du petit capital (représenté par les petits mineurs, ghanéens ou étrangers). Dans cette organisation, on entrevoit des circuits spatiaux de production qui articulent différentes aires de formation socio-spatiale : aires de densification de l'extraction et du traitement des minerais ; les domaines de densification de la prise de décision administrative ; des zones de consolidation dans le secteur financier, qui proposent différents produits de crédit et de financement ; les domaines de densification des services, tels que le conseil juridique et logistique ; les zones de densification du commerce de détail, qui approvisionnent la demande de matières premières et de machines diverses ; et toutes les infrastructures qui assurent l'articulation du circuit et assurent sa circulation des personnes, des capitaux, de l'information, de l'énergie et des marchandises.

3.2.2. Les circuits spatiaux de la production d'or

Ce n'est qu'au début des années 1990 que l'or est devenu le principal élément de l'agenda des exportations du Ghana, prenant la place de leader occupée par le cacao depuis la période coloniale. Sur les exportations totales du pays en 2018 – qui s'élevaient à 14,87 milliards de dollars –, l'or représentait 36,7 % (5,46 milliards de dollars). Il est également important de mentionner que le minéral était responsable de plus de 100 % des valeurs totales obtenues à partir des exportations de métaux précieux la même année (Bank of Ghana, 2019).

La production de métal suit une trajectoire ascendante depuis 2009, atteignant 130 tonnes en 2018. Dans ce scénario, le Ghana se classe au huitième rang des producteurs mondiaux, derrière : la Chine (404,1 t.), l'Australie (314, 9 t.), la Russie (297,3 t.), États-Unis (221,7 t.), Canada (189 t.), Pérou (158,4 t.) et Indonésie (136,9 t.). Premier producteur du continent africain à la fin des années 2010, le Ghana est suivi de l'Afrique du Sud (129,8 t.),[56] Soudan (76,6 t.), Mali (61,2 t.), Burkina Faso (59,3 t.), Tanzanie (47,7 t.), République démocratique du Congo (44,9 t.), Zimbabwe (42,2 t.), Côte d'Ivoire (40,9 t.), la Guinée (27,3 t.) et le Sénégal (17,5 t.) (World Gold Council, 2022).

L'extraction et le traitement de l'or au Ghana se déroulent principalement dans la partie sud-ouest du territoire, où se trouvent les roches Birimien (supérieur et inférieur) et Tarkwa, qui ont des concentrations de minerai économiquement exploitables. En général, les réserves de métaux peuvent être exploitées dans des mines (superficielles ou profondes) et aussi sur les berges de certaines rivières (alluviales). Cette variation des circonstances dans l'occurrence de l'or exigera des utilisations différentes des moyens de production et de la main-d'œuvre.

Ainsi, une fois de plus, il convient de souligner la distinction fondamentale entre grand et petit capital qui produisent, avec l'État, des circuits spatiaux de production distincts. L'exploitation minière dite à grande échelle est exploitée par des entreprises à forte capitalisation, qui disposent des technologies de production, de circulation et de distribution les plus modernes. De plus, ils s'appuient sur d'énormes aides publiques, qu'elles soient directes (avec

[56] Premier producteur d'or du continent africain tout au long du XXe siècle et dans les années 2000, l'Afrique du Sud a enregistré une baisse marquée de sa productivité récente en raison de la fermeture des mines, des crises d'approvisionnement énergétique et des grèves pour le réajustement des salaires des travailleurs. La production de métal a baissé de 163 t. en 2014 à 129,8 t. en 2018 (GFMS, 2015 ; World Gold Council, 2022).

subventions productives et exonérations fiscales) ou indirectes (dans l'offre d'infrastructures de circulation, de distribution, de télécommunications et d'énergie).

D'autre part, l'exploitation minière dite à petite échelle est exploitée par des entreprises moins capitalisées qui, dans la plupart des cas, opèrent de manière informelle. Ils ont moins accès aux dernières techniques et aux capitaux nécessaires pour les obtenir. Les lignes de crédit disponibles sont réduites, tout comme l'aide gouvernementale.

Alors que l'exploitation minière à grande échelle représentait 60 % de la production d'or en 2018, l'exploitation minière à petite échelle représentait les 40 % restants la même année, révélant l'importance de sa présence pas si discrète sur le territoire. Il est maintenant important de caractériser le circuit spatial de production de ces deux types d'exploitation minière (Ghana Chamber of Mines, 2019).

3.2.2.1. L'exploration de l'or par les grandes sociétés de capitaux

Le rôle des grands capitaux dans la production d'or du Ghana est entre les mains de quelques sociétés, toutes étrangères, et qui représentent plus de 60 % de la production actuelle du pays. Les principaux sont : *Anglogold Ashanti, Gold Fields, Golden Star, Chirano Gold Mines* et *Newmont Mining Corporation.* Invariablement, tous ont établi leur siège régional dans la capitale Accra, d'où ils gèrent la production, la circulation et la distribution de la ressource.

L'Anglogold *Ashanti* est une société sud-africaine dont le siège mondial se trouve à Johannesburg. Elle a été fondée en 2004 à la suite de la fusion entre le sud-africain *Anglogold* et la ghanéenne *Ashanti Goldfields Company.* La société opère également en Amérique du Sud (Argentine et Brésil), en Australie et dans d'autres territoires africains (Afrique du Sud, Guinée, Mali, République démocratique du Congo et Tanzanie). Au Ghana, *Anglogold Ashanti* a deux opérations : Obuasi (région Ashanti) et Idupriem (région Ouest). Alors que la mine d'Obuasi a été fermée pour maintenance en 2018, la même année, la mine d'Idupriem a atteint une production de 7 tonnes (Ghana Chamber of Mines, 2019 ; Anglogold Ashanti, 2022).

Une autre entreprise sud-africaine opérant dans le pays est *Gold Fields,* dont le siège mondial est également situé à Johannesburg. Fondée en 1887 par Cecil Rhodes et Charles Rudd (sous le nom de *Gold Fields of South Africa)*, la société opère également en Amérique du Sud (Pérou), en Australie et en Afrique du Sud. Au Ghana, *Gold Fields* possède deux exploitations : Damang et Tarkwa (région Ouest). Ensemble, ces mines ont produit 19,6 tonnes d'or en 2018, donc Damang était responsable de 5 tonnes et Tarkwa, le plus productif du pays, de 14,6 t. (Ghana Chamber of Mines, 2019 ; Gold Fields, 2022).

The *Golden Stars Resources* est une entreprise canadienne basée à Toronto. Elle a été fondée en 1992 et opère uniquement au Ghana, avec deux opérations : Wassa et Prestea (région 'Ouest). Ensemble, ces mines ont produit 5,8 tonnes d'or en 2018, Wassa était donc responsable de 3,8 tonnes et Prestea pour 2t. (Ghana Chamber of Mines, 2019 ; Golden Star Resources, 2022).

L'autre entreprise canadienne opérant dans le pays est *Chirano Gold Mines,* une filiale du groupe *Kinross Gold Corporation,* qui a été fondée en 1993 et dont le siège social mondial est à Toronto. La société est également présente en Amérique du Sud (Brésil et Chili), en Russie et en Mauritanie. Au Ghana, *Kinross* n'a qu'une seule opération à Chirano (région Est). En 2018, 6,3 tonnes d'or ont été produites dans cette mine (Ghana Chamber of Mines, 2019 ; Kinross Gold Corporation, 2022).

La seule entreprise américaine opérant dans le secteur est *Newmont Mining Corporation,* fondée en 1921 et basée à Denver. La société est également présente en Amérique du Sud (Pérou et Suriname), en Australie, en Indonésie et aux États-Unis. Au Ghana, a deux opérations : Ahafo (région Brong-Ahafo) et Akyem (région Est*)*. Ensemble, ces mines ont produit 23,6 tonnes d'or en 2018, donc Ahafo était responsable de 12,1 t. et Akyem pour 11,5 t. (Ghana Chamber of Mines, 2019 ; Newmont Mining Corporation, 2022).

Toutes les sociétés minières susmentionnées font partie de la soi-disant *Ghana Chamber of Mines*. Cette association regroupe également plus de 60 entreprises liées à l'économie minière, telles que : les entreprises contractantes de services miniers (celles qui effectuent des réparations techniques sur des machines endommagées ou qui effectuent des étapes spécifiques dans le processus d'extraction et de traitement de l'or, telles que les études géologiques et les fouilles) ; cabinets de conseil juridique et juridique ; entreprises de logistique et de transport ; les sociétés de vente au détail (qui vendent des machines et des instruments nécessaires au développement de l'activité minière) ; les banques commerciales (telles que la South African *Standard Bank*), les compagnies d'assurance, entre autres. La présence d'institutions publiques (*Minerals Commission, Geological Survey Department, University of Mines and Technology* et *Ghana Atomic Energy Commission)* devrait également être prise en compte dans le processus de production de connaissances scientifiques sur les conditions géologiques et géomorphologiques des terres où les minéraux exploration.

Les mines où se déroule le processus d'extraction peuvent être explorées de deux manières : en profondeur (mine souterraine) ou en surface (mine *à ciel ouvert)*. De toutes les mines exploitées sur le territoire ghanéen, seule Obuasi a une extraction profonde, toutes les autres étant en surface.

Les grandes entreprises du secteur utilisent des machines et des instruments modernes pour l'extraction et le traitement de l'or. Ces biens d'équipement sont importés lorsque les entreprises obtiennent leur concession minière du gouvernement. Aux abords des zones minières, se concentrent les établissements commerciaux qui vendent tous types d'équipements nécessaires aux différentes étapes du processus de production. Souvent, ces établissements vendent également des produits d'occasion.[57] En plus des zones d'extraction, toutes les mines ont des usines de traitement de l'or, de sorte que le résultat de la production sur place est le lingot (ou lingot d'or).

En ce qui concerne la main-d'œuvre, l'exploitation minière à grande échelle emploie plus de 17.000 personnes, dont la majorité absolue sont des Ghanéens, qui occupent des postes différents, qui nécessitent des degrés de formation différents. Seuls 2 % de l'activité sont occupés par des expatriés ; ce sont, pour la plupart, des natifs des pays d'origine des entreprises où ils travaillent et, en général, occupent des postes administratifs bien rémunérés (Ghana Chamber of Mines, 2019).

Le *Ghana Mine Workers Union* (GMWU) est le syndicat des mineurs et a été fondé en 1944, pendant la période coloniale. Il s'agit de fédérer les forces face aux revendications collectives (généralement liées à des réajustements salariaux et à l'amélioration des conditions de travail), de mener des recherches, d'offrir différentes formations professionnelles et d'apporter un soutien juridique aux travailleurs (comme proposer des avocats et des assistances dans le traitement des poursuites du travail) (Ghana Mine Workers Union, 2022).

Les infrastructures sont aussi des aspects fondamentaux pour la performance du circuit spatial de production de tout bien, car elles assurent la circulation et la répartition de différents types de flux : l'arrivée des travailleurs et des intrants le long des autoroutes ; l'arrivée de l'électricité, de l'information et des capitaux à travers les réseaux électriques et de télécommunication ; l'approvisionnement en eau et l'évacuation des eaux usées par le système d'assainissement. Toutes ces infrastructures atteignent les zones productrices d'or, dans la partie centre-sud du pays, avec une efficacité significative. Cependant, il est important ici de caractériser

---

[57] Beaucoup de ces magasins ont même des liens avec la *Ghana Chamber of Mines,* de la publicité dans les magazines et des communications institutionnelles de l'association, favorisant ainsi la relation client.

comment les infrastructures assurent la circulation et la distribution des biens produits dans les zones d'extraction et de traitement de l'or : les lingots.

La circulation et la distribution des taureaux produits s'effectuent par voie aérienne : chaque semaine, un hélicoptère transporte l'or des zones de production jusqu'à *Kotoka International Airport.* Ce transport est effectué par des entreprises privées, comme le britannique G4S, qui fournit des services de sécurité dans plus de 125 pays à travers le monde (G4S, 2022). Les marchandises ne transitent pas par le système autoroute-port pour deux raisons principales : le volume transporté et la sécurité des marchandises.

Chez KIA, les lingots subissent une série d'inspections par les sociétés minières et le gouvernement avant d'être envoyé dans des raffineries situées dans d'autres pays. Il existe des projets de développement de raffineries dans le pays depuis des années, mais le déficit d'approvisionnement en électricité a été l'un des plus gros obstacles à l'exécution de tout projet d'industrialisation au cours des années 2010 (Ghana Chamber of Mines, 2019).

3.2.2.2. L'exploration de l'or par les petites sociétés de capitaux

Si le processus de libéralisation économique a créé les conditions juridiques nécessaires à l'entrée de gros capitaux étrangers dans l'exploitation minière ghanéenne, il les a également créées pour des opérations coordonnées par de petits capitaux, généralement d'origine nationale.

Également connue sous le nom d'exploitation minière artisanale, la pratique de l'exploitation minière à petite échelle a été pratiquée au cours des siècles par différentes sociétés qui habitaient la région, en particulier par les ashantis. Cependant, en 1933, la Couronne britannique a promulgué la soi-disant *Mercury Law,* qui interdisait l'utilisation du mercure, un élément fondamental de la production d'or à petite échelle (Akabzaa ; Darimani, 2001).

Au vu de cette loi, les petits mineurs se sont retrouvés avec deux options : opérer illégalement (en utilisant du mercure de contrebande) ou s'employer dans de grandes sociétés minières européennes opérant dans la colonie. Même l'indépendance du Ghana vis-à-vis de la domination coloniale n'a pas résolu l'impasse, car la *Mercury Law* a été maintenue par les gouvernements après 1957.

Ce n'est qu'en 1989, avec l'approbation de la *Small-scale Mining Law Loi* que les exploitations *minières à petite échelle* ont retrouvé le statut de légalité (Akabzaa ; Darimani, 2001). Depuis lors, la part de l'exploitation minière à petite échelle dans la production d'or totale du Ghana a augmenté chaque année : en 2018, environ 40 % de la production d'or totale du pays a été obtenue par ce type d'exploitation minière (Ghana Chamber of Mines, 2019).

La définition de l'exploitation minière à petite échelle n'est pas précise, car elle est généralement attribuée à toute zone de concession de moins de 100 m^2 (Hilson et *al.*, 2014 ; Precious Minerals Marketing Corporation, 2022). Selon Nyame et Grant, cette échelle d'activité a différentes formes d'organisation. Les auteurs assurent que :

> La petite exploitation minière artisanale varie considérablement en termes d'échelle, de niveau de technologie et de degré d'organisation. Elle peut être menée par une seule personne ou même par quelques centaines et la technologie utilisée va des pelles, pioches et tamis rudimentaires aux excavatrices sophistiquées (Nyame ; Grant, 2014, p.77).

Parmi les différentes activités exercées dans les petites sociétés minières artisanales, on peut citer : l'exploration ; prospection et traitement (lavage) de minéraux ; et le transport et la vente à des intermédiaires commerciaux (Nyame ; Grant, 2014).

Ces mineurs ont une mobilité spatiale importante qui est due à la rareté des minerais : environ 70 % de ces mineurs ont déjà migré à travers le territoire ghanéen en raison du manque d'or dans les zones où ils ont effectué leurs explorations. Avec eux, migrent également les petits investisseurs dans ce type d'exploitation minière et certaines activités économiques annexes – notamment commerciales (vente de nourriture, de médicaments, d'intrants de production et d'objets divers, dont les téléphones portables) et de services (d'entretien et de réparation de machines) (Nyame ; Grant, 2014).

La faible capitalisation de l'exploitation minière à petite échelle s'est traduite, pendant longtemps, par un accès limité aux informations sur l'emplacement des meilleures réserves d'or du pays, ces informations étant rendues disponibles par le biais d'études géologiques et de cartographies coûteuses. Ainsi, traditionnellement, les petits mineurs optent pour l'exploration alluviale, car en plus d'être plus facile à détecter la présence d'or dans les rivières que dans le substrat rocheux, ce type d'exploration représente un coût moindre avec les moyens de production, car il fait appel à des instruments accessibles et machines.

Néanmoins, il est possible de trouver de petits groupes de mineurs qui creusent sous terre à l'aide d'instruments simples tels que des pelles, des cordes et du bois (figure 9). Dans ces petites mines souterraines artisanales, ils prélèvent des fragments de roche et les ramènent à la surface pour être traités dans deux types de machines différents : dans le *crusher,* qui brise la roche selon une granulométrie encore élevée (figure 10) ; et en *smother,* ce qui réduit encore la granulométrie du matériau (figure 11). Généralement, ces machines sont d'occasion, importées et demandent beaucoup d'énergie électrique, éventuellement garantie, même par leurs propres générateurs. Ce matériau passe dans des bassins de décantation (figure 12) et est ensuite placé en réaction chimique avec le mercure dans de petits bassins d'où l'or est extrait.

Le nombre de mineurs qui n'ont pas de licence gouvernementale pour extraire de l'or est élevé. Les *galamsey* – le terme dérive d'une réduction de l'expression anglaise les rassembler et vendre – opèrent sans enregistrement et leur activité est considérée comme illégale. Généralement, les *galamsey* prétendent que le coût d'obtention d'une licence d'exploration est trop élevé, ce qui les empêche d'accéder légalement aux ressources naturelles du pays. Hilson et *al.* explique cela :

> Le coût exorbitant de l'enregistrement s'est avéré être le plus grand défi pour le prospecteur aux pieds nus. En plus des preuves – qui indiquent que les droits de licence sont plus élevés que les conditions financières des candidats – le gouvernement a également choisi de les augmenter. Les permis de prospection coûtent actuellement 1.000 *cedis*, ou 512 USD, pour préparer la zone d'exploration ; 100 *cedis* (51 USD) pour le formulaire de demande ; 250 *cedis* (128 USD) pour les frais de traitement ; 550 *cedis* (282 USD) de frais de contrepartie ; 750 *cedis* (384 USD) à l'Environmental Protection Agency pour la réalisation d'une étude d'impact sur l'environnement ; entre autres frais, dont le droit de timbre, les taxes judiciaires et d'enregistrement foncier (Hilson et *al.*, 2014, p.298).

Outre les difficultés à régulariser la situation pour des raisons financières, la plupart des orpailleurs souffrent également du manque de lignes de crédit (publiques ou privées) et d'aides gouvernementales pour le développement (professionnalisation) de l'activité (Hilson et *al.*, 2014).

De plus, dans ce scénario, il y a de nombreux conflits qui se produisent entre le *galamsey* et les mineurs réglementés, qu'ils soient petits ou grands capitaux. Ces conflits sont nettement territoriaux, puisque les *galamseys* sont souvent accusés – par les régulés – d'occuper des zones concédées à d'autres entreprises et, compte tenu des conditions précaires de leurs opérations, ils sont également accusés de créer une série d'impacts sur l'environnement, tels que déforestation, envasement des rivières et pollution des rivières et des sols (Okoh, 2014).

L'augmentation de la production d'or par l'exploitation minière artisanale est associée non seulement à la régularisation de l'activité, mais aussi à l'appréciation du prix de l'or sur le marché mondial depuis le début du 21e siècle. Non seulement des Ghanéens de divers horizons (certains ont même travaillé dans de grandes sociétés minières) se sont impliqués dans l'activité, mais aussi des personnes d'autres milieux socio-spatiaux, comme la Côte d'Ivoire, le Togo, le Burkina Faso et la Chine.

La présence chinoise dans le secteur a acquis une grande importance dans la presse ghanéenne et internationale et, généralement, une telle présence est abordée sur un ton anecdotique et la dénonciation de tous les crimes environnementaux et du travail commis par eux. Des informations plus systématiques sur la question font toujours défaut, mais le gouvernement a enregistré l'entrée de plus de 50.000 Chinois dans les activités minières à petite échelle. En général, l'infiltration chinoise est responsable d'une véritable inflation sur le marché foncier, car ces entrepreneurs peuvent se permettre entre 20.000 et 50.000 dollars pour 10 acres de terre (Hilson et *al.,* 2014).

Le dynamisme de la production aurifère est également associé à l'amélioration des conditions de trafic et des infrastructures de télécommunications, notamment de téléphonie mobile. En ce sens, Nyame et Grant fournissent une caractérisation détaillée du contexte récent :

> Ces dernières années, les améliorations apportées aux routes et aux réseaux de télécommunications ont ouvert des fronts miniers dans certaines régions auparavant inaccessibles du Ghana, reliant ce qu'on appelle l'arrière – *hinterland* aux zones urbaines. En conséquence, les exploitants miniers à petite échelle sont désormais en mesure de se déplacer plus facilement et plus rapidement d'un endroit à un autre à travers le pays. En outre, fondamentalement, les équipements miniers peuvent être transportés dans des zones minières auparavant inaccessibles. Dans le même

> temps, les opérateurs mobiles tels que MTN, Vodafone, Tigo et, plus récemment, Glo, ont étendu leur couverture et opèrent dans de nombreuses zones rurales. La communication peut désormais avoir lieu facilement entre les personnes, même dans des zones reculées telles que les zones minières (Nyame ; Grant, 2014, p.79).

Bien que le discours critique des petits mineurs sur le gouvernement soit courant (car l'obtention d'une licence est très coûteuse et il y a peu d'incitations, de subventions et d'exonérations fiscales proposées), il convient de prêter attention à la présence fondamentale de l'État concernant l'achat et la commercialisation de la production or. Depuis 1989, la *Precious Mineral Marketing Company* (PMMC) – une société d'État fondée en 1963 sous le nom de *Ghana Diamond Marketing Board* – est devenue responsable de l'achat d'or provenant de l'exploitation minière à petite échelle, puis de sa vente sur le marché national. Entre 1989 et 2010, la société a acheté environ 24 tonnes d'or, ce qui correspondait à environ 467 millions de dollars américains sur la période. Basée dans la capitale Accra, PMMC vise également à réduire la contrebande de minerai.

Souvent, la vente d'or à la PMMC ne se fait pas directement entre les mineurs et la société d'État. Dans les zones de production, notamment autour d'Obuasi et de Tarkwa, les acheteurs dits d'or se multiplient. Ces entreprises, en plus de servir d'intermédiaires commerciaux, effectuent également des étapes de traitement des minéraux, telles que la fusion en bouillons. Généralement, ces entreprises sont de petite taille et peuvent appartenir à de petits entrepreneurs ghanéens, des Ghanéens d'origine syro-libanaise ou même chinois. Ils achètent l'or aux *galamseys* et, une fois le minerai traité, le transportent à Accra dans leurs propres véhicules. Là, ils vendent au PMMC.

Il existe également de nombreuses petites sociétés minières, dûment réglementées, qui se passent de ces intermédiaires commerciaux et effectuent elles-mêmes le traitement du minerai à lingots – généralement à l'aide de machines d'occasion –, en le transportant (par la route dans leurs propres véhicules) et sa vente à PMMC.

Une fois vendue à la PMMC, la société d'État est chargée d'exporter l'or par voie aérienne, transportant également les marchandises KIA vers les raffineries du monde entier.

Il est important de préciser que le circuit spatial de la production d'or associé au petit capital ne peut être compris aujourd'hui sans prendre en compte le rôle des grandes sociétés minières sur le territoire ghanéen. Les principaux éléments qui permettent d'attester cette association sont :

- La décision de localisation des petits mineurs est influencée (et, dans de nombreux cas, déterminée) par la décision de localisation des grandes sociétés minières (après qu'elles ont investi des ressources volumineuses dans des études de recherche, géologiques, géochimiques et de prospection), à l'exception des zones d'exploration plus anciennes ;
- L'obtention des machines et instruments nécessaires à l'extraction et au traitement de l'or (en particulier dans le cas des mines souterraines artisanales) se fait par l'achat de matériel d'occasion (dans le cas des mineurs moins capitalisés) dont les grandes entreprises se sont souvent dispensées en raison de son obsolescence. Les groupes de petits mineurs plus capitalisés sont finalement capables de consommer des intrants des mêmes magasins qui vendent au grand capital ;
- De nombreux petits mineurs ont acquis une expérience professionnelle en travaillant dans de grandes entreprises du secteur.

Cependant, conclure que la présence du grand capital est le facteur originel de la présence des petits mineurs est une erreur notoire, puisque l'activité aurifère artisanale est exercée dans la région depuis au moins le XIIe siècle. Ce qui se produit effectivement, c'est une complémentarité, dans laquelle le petit capital s'appuie sur certains aspects de la performance du grand capital. Loin d'être amical, le croisement de ces deux échelles de projets provoque également, comme déjà évoqué, plusieurs conflits, notamment en ce qui concerne la délimitation des zones de concession.

Enfin, il est important d'établir la relation que ces deux échelles de capital opèrent avec l'État ghanéen. *A priori*, tous deux ont bénéficié des innovations législatives de la fin des années 1980. Cependant, les avantages offerts aux grandes entreprises sont à un niveau de coût que la plupart des petits mineurs ne peuvent atteindre, puisqu'ils n'ont même pas le capital pour obtenir une concession foncière de l'État dont ils sont propriétaires. Selon Hilson et *al.* :

> Pendant plus de trois décennies, des politiciens influents ont donné la priorité au développement du secteur de l'exploitation aurifère à grande échelle, offrant une gamme d'incitations fiscales généreuses dans le but d'attirer les investissements étrangers. Mais dans le même temps, les gouvernements successifs ont ignoré les besoins des petits orpailleurs ghanéens, mettant en place et modifiant des structures réglementaires qui ont découragé, plutôt que facilité, leur légalisation (Hilson et *al.*, 2014, p. 293).

Autrement dit, en même temps que la situation était légalisée pour les petits mineurs, leurs conditions d'accès à la légalité de leurs opérations se heurtaient à une série de contraintes financières que seuls les plus capitalisés pouvaient surmonter.

3.2.3. Les circuits spatiaux de production de manganèse, bauxite et diamant

Deux autres minéraux explorés depuis des décennies par la formation socio-spatiale ghanéenne sont le manganèse, la bauxite et le diamant. Bien qu'ayant une importance réduite dans les exportations, ces ressources sont stratégiques pour la production industrielle de nombreux pays.

Les exportations de ces trois ressources correspondaient à 2,52 milliards de dollars en 2018. Cette même année, le Ghana se classait au sixième rang des producteurs de manganèse de la planète, avec une production de 850 tonnes. L'Afrique du Sud a pris la tête avec une production de 5 500 tonnes, suivie des États-Unis (3.100 t.), du Gabon (2.300 t.), de la Chine (1.800 t.) et du Brésil (1.200 t.) (United States Geological Survey, 2022).

En ce qui concerne la bauxite, le Ghana a produit 1 million de tonnes. Le pays ne figure pas dans la liste des plus grands producteurs mondiaux de la ressource, qui, la même année, était menée par l'Australie, qui en a extrait 75 millions de tonnes, suivie par la Chine (70 m/t.), la Guinée (50 m/t.), Brésil (27 m/t.), Inde (24 m/t.), Jamaïque (10 m/t.), Indonésie (7,1 m/t.), Russie (5,5 m/t.) et Vietnam (2,5 m/t.). Sur le continent africain, depuis des années, le leadership absolu dans la production de bauxite est allée en Guinée, qui possède la plus grande réserve de ressource au monde, évaluée à 40 milliards de tonnes (United States Geological Survey, 2022).

Comme dans le cas de l'or, la production de manganèse et de bauxite a connu une expansion significative pour donner suite à la libéralisation économique. Cependant, en 1995, la *Ghana National Manganese Corporation* (GNMG) a été privatisée et est devenue gérée par l'*US Ghana International Manganese Corporation* (GIMC) et, en 1996, les opérations ont été transférées sous le contrôle de l'Australian *Ghana Manganese Company* (GMC). Dans le cas de la bauxite, la société d'État *Ghana Bauxite Company Limited* (GBCL) – une *coentreprise* entre le gouvernement (détenant 55 % du capital de l'entreprise) et *Alcan Chemical Europe* (ACE) – a également été privatisée dans les années 1990 et, actuellement, ses opérations sont sous le contrôle de *Ghana Bauxite Company* (GBC), une filiale chinoise du *Bosai Minerals Group* (BMG), qui a son siège mondial à Chogquing, en Chine

(Ghana Chamber of Mines, 2019 ; Ghana Manganese Company, 2022 ; Ghana Bauxite Company, 2022).

Les deux sociétés font partie de l'exploitation minière exploitée à grande échelle, ayant, par conséquent, des conditions techniques et juridiques spécifiques pour agir dans la formation socio-spatiale du Ghana. Il existe cependant une différence dans la composition du capital des entreprises : alors que GMC détient 10 % de participation de l'État, cette participation atteint 20 % dans BMG. En outre, ces sociétés ont leur siège régional à Accra, où elles font également partie de la *Ghana Chamber of Mines*. L'appartenance à cette association leur donne accès à différents types de conseils et d'accompagnement (juridique, juridique, logistique, financier, etc.), comme c'est le cas avec les grandes sociétés de production d'or évoquées plus haut dans ce chapitre (Ghana Chamber of Mines, 2019).

Dans le cas du circuit spatial de production de manganèse, l'exploration minière a lieu à Nsuta (région Ouest), la seule mine du pays. Ces gisements ont été découverts en 1914 et les explorations ont commencé à se renforcer en 1916,[58] lorsque la production atteint 4.000 tonnes. À l'époque, le minerai approvisionnait la Couronne britannique, en pleine Première Guerre mondiale (1914-1918). La bauxite est extraite à Awaso (région Ouest). C'est la seule mine du pays, dont l'exploration a commencé en 1940, malgré la découverte ayant eu lieu en 1921, par le *Geological Survey Department* (Varley ; White, 1958 ; Boahen, 1975 ; Ghana Chamber of Mines, 2019).

GMC et BMG disposent de toutes les machines et instruments nécessaires pour extraire les minéraux de leurs réserves. Le renouvellement de ces moyens de production

[58] La production de manganèse de la Gold Coast passe de 139.595 tonnes en 1923 à 419.224 tonnes en 1929. Après une baisse de la production avec la crise économique de 1930, une exportation record est enregistrée en 1937 (527.036 tonnes) et une autre en 1951 (806.000 tonnes, d'une valeur de 7 millions de livres). Durant cette période, la mine de Nsuta est reconnue comme l'une des plus productives au monde (Boahen, 1975).

n'est cependant pas fréquent, car les deux entreprises emploient des machines qui dépassent à terme les 30 ans d'utilisation, comme des chargeuses sur pneus, des pelles mécaniques et des godets Terex (qui peuvent être accouplés à des véhicules). Les mines sont superficielles et le minerai extrait est fragmenté par des concasseurs, ce qui donne des granulométries différentes, selon les intérêts du marché de consommation (dans le cas de la bauxite, il est inférieur à 100 mm). La main-d'œuvre dans les deux sociétés est majoritairement native, certains expatriés occupant des postes administratifs (principalement à Accra). Comme dans le cas des mineurs d'or qui travaillent pour de grandes entreprises, les mineurs de manganèse et de bauxite sont également représentés de manière syndicale par le *Ghana Mine Workers Union* (GMWU) (Bird, 1994 ; Ghana Chamber of Mines, 2019 ; Ghana Mine Workers Union, 2022).

Les forces productives actives dans la production de manganèse et de bauxite au Ghana ne traitent pas ces minéraux, qui sont exportés à l'état brut. Jusqu'à récemment, les zones de production de ces circuits spatiaux de production étaient reliées au Port de Takoradi par des voies ferrées. Cependant, depuis 2015, ces chemins de fer sont abandonnés et le transport se fait par la route.

Au port de Takoradi, ces minerais sont stockés dans des zones spécifiques avant d'être expédiés vers d'autres pays (figure 13). Là, ils sont à nouveau inspectés par les entreprises et les autorités portuaires. En 2018, 4,5 millions de tonnes de manganèse et 1,01 million de tonnes de bauxite ont quitté le pays (Ghana Chamber of Mines, 2019).

Les fréquentes coupures d'électricité du pays et la précarité récente du transport ferroviaire représentent de sérieuses contraintes sur la production de GMC et BMG, de sorte que les deux sociétés utilisent leurs générateurs (Ghana Chamber of Mines, 2019 ; Ghana Mine Workers Union, 2022).

Le diamant figure parmi les ressources naturelles exportées par le Ghana. En 2018, le pays a exporté 57,5 mille carats

(Ghana Chamber of Mines, 2019). À l'échelle mondiale, cependant, le Ghana ne figure pas parmi les plus grands producteurs de la ressource. En 2018, la production mondiale était dominée par la Russie, avec 19 millions de carats, suivie par l'Australie (14 millions de carats), la République démocratique du Congo (12 millions de carats), le Botswana (7 millions de carats), le Zimbabwe (3 millions de carats) et l'Afrique du Sud (2 millions de carats). Il est essentiel de souligner que le continent africain possède les plus grandes réserves de diamants au monde, avec des concentrations exploitables de la ressource également présentes en Angola, en Namibie, au Libéria et en Sierra Leone (United States Geological Survey, 2022).

Actuellement, le circuit de production spatiale ghanéen n'a que l'activité de petits mineurs, puisqu'en 2014 la *Great Consolidate Diamond Ghana Limited* (GCD) – une société ghanéenne fondée en 2012 à partir de *Ghana Consolidate Diamond* – a cessé d'opérer dans l'extraction de la ressource.

L'exploration du diamant a lieu à Akwatia (région Est*)*, où se trouve la seule mine du pays, dont l'exploration est de type superficiel. L'exploitation minière à petite échelle se déroule principalement le long des rivières de la région.

La ressource a été découverte en 1919, lors d'une étude géologique dans la colonie de la Gold Coast. Tout d'abord, il a été trouvé près de la ville d'Abamoso, sur la rivière Birim, puis il a également été trouvé sur la rivière Bonsa, au sud-ouest de Tarkwa. Le diamant disponible est de type industriel, étant consommé par l'industrie des biens d'équipement, située à l'extérieur du pays (Varley ; White, 1958).

Le circuit spatial de production de cette ressource s'apparente à l'extraction de l'or par de petits capitaux : des mineurs peu capitalisés, généralement autonomes, sans accès aux aides gouvernementales (financières, techniques ou fiscales), agissant le plus souvent illégalement et circulant sur le territoire dans la mesure dans laquelle la rareté de la ressource est prononcée. On estime que 50.000 personnes sont impliquées dans le circuit en question, des excavateurs aux intermédiaires commerciaux (Nyame ; Grant, 2012).

Depuis 2007, en raison de la dévaluation du prix du diamant sur le marché international, de nombreux petits mineurs ont commencé à chercher de l'or et certains d'entre eux ont même exploré les deux ressources en même temps (Nyame ; Grant, 2012). De manière générale, il s'agit d'une activité qui repose sur des moyens de production très simples, faisant appel à de nombreuses machines achetées sur les marchés de l'occasion. Il est courant, parmi ceux qui explorent à la fois l'or et le diamant, d'adapter la machinerie de fragmentation des roches du premier au second, déclenchant une partie des stratégies de production de petits capitaux (Nyame ; Grant, 2012).

Les diamants produits sont vendus – directement ou par des intermédiaires dans la région – à la PMCC. La circulation s'effectue sur les autoroutes. La société d'État était responsable de la vente régulière du produit sur le marché, car on pense que, jusqu'aux années 1990, 70 % des diamants obtenus par l'exploitation minière à petite échelle étaient passés en contrebande (Precious Minerals Marketing Corporation, 2022).

3.3. Pétrole

Ce n'est que fin 2010 que le pétrole a commencé à figurer dans l'agenda des exportations du Ghana, à la différence des autres *commodities* du pays, dont les circuits spatiaux de production sont impliqués depuis des décennies dans le dynamisme de la formation socio-spatiale.

Les exportations de la ressource en 2011 représentaient 2 milliards de dollars, ce qui correspondait à 21,5 % de la valeur totale des exportations ghanéennes dans l'année (qui totalisaient 12,7 milliards, contre 7,9 milliards en 2010). En 2018, le Ghana a collecté 4,57 milliards de dollars américains grâce aux exportations de pétrole (30,7 % des recettes totales), qui est devenu le deuxième poste d'exportation du pays (Bank of Ghana, 2019).

À l'échelle mondiale, l'activité pétrolière ghanéenne est encore à un stade précoce de développement, de sorte qu'en 2018, la production du pays a atteint 350.000 barils par jour (bpj). Les États-Unis (15 millions de bpj) étaient en tête de la production la même année, suivis de l'Arabie saoudite (12,2 millions de bpj), de la Russie (11,4 millions de bpj), du Canada (5,2 millions de bpj), l'Iran (4,7 km b/j), l'Irak (41,1 km bpj), les Émirats Arabes Unis (3,9 km bpj), la Chine (3,7 km bpj), le Brésil (2,6 km bpj) et le Mexique (2 mi bpj). En Afrique, les plus grands producteurs de la ressource sont le Nigeria, l'Angola, l'Algérie, l'Égypte et la Libye (Central Intelligence Agency, 2022).

Les plus grandes réserves de cette ressource au Ghana, découvertes en 2007, ont généré de grandes attentes pour le développement économique du pays, ayant également attiré de nombreux investissements étrangers (environ 2 milliards de dollars en 2010) (Obeng-Odoom, 2015). L'organisation du circuit spatial de la production pétrolière passe fondamentalement par la performance de l'État et des entreprises (publiques et privées, nationales et étrangères) fortement capitalisées, qui détiennent les moyens de production nécessaires et la main d'œuvre adéquate pour opérer l'extraction, la transformation et le transport du pétrole brut.

L'ensemble des lois du secteur doit également être analysé, précisément pour identifier le rôle des institutions impliquées dans le circuit et les rapports de production qu'elles entretiennent sur les forces productives. Ayant constaté les nombreux problèmes liés à l'exploration pétrolière dans d'autres pays africains, tels que le Nigeria, la Libye et l'Angola (tels que la corruption, les déséquilibres régionaux, entre autres), le Ghana a toutes les conditions nécessaires pour faire un usage adéquat de la ressource qui collaborera avec les objectifs du pays.

3.3.1. Relations de production et législation dans l'activité pétrolière

Malgré le fait que les exportations de pétrole font partie de l'histoire récente de la formation socio-spatiale, l'exploration de la ressource a commencé en 1896, pendant la période coloniale. En général, jusqu'en 1957, le gouvernement britannique a enregistré 21 tentatives de forage peu profond et à *terre,* sans trouver de réserves en quantités qui justifieraient une exploration commerciale (Ghana National Petroleum Corporation, 2022).

Pendant le gouvernement de Nkrumah, ce type d'exploration s'est poursuivi, cependant, les recherches géologiques ont été menées par des géologues et géophysiciens soviétiques et roumains, et non par des sociétés britanniques, comme cela s'était produit jusqu'en 1957. Le partenariat Ghana-Union Soviétique (contracté entre 1957 et 1966) a exploré le bassin de la Volta et aussi le bassin d'Accra/Keta, ayant trouvé des preuves de la ressource, mais en petites quantités (Ghana Petroleum Commission, 2022).

Avec la fin du gouvernement Nkrumah, les entreprises étrangères occidentales ont occupé l'espace des chercheurs du bloc socialiste, commençant des recherches et des forages en haute mer (offshore*)* en 1970. En raison du succès des forages dans le bassin de *SaltPond,* les bassins sédimentaires de la côte ghanéenne ont commencé à attirer l'attention de nombreuses compagnies pétrolières européennes et américaines, qui ont obtenu des licences d'exploration du gouvernement. Les crises pétrolières des années 1970 ont intensifié l'offre de licences à ces entreprises.

En 1978, la production commerciale de pétrole offshore a commencé dans le bassin de *SaltPond,* destiné au marché intérieur. La même année, l'exploration en eaux profondes est réalisée pour la première fois par la société américaine *Phillips Petroleum.* Le développement des technologies de télédétection a élargi les conditions de recherche sur l'occurrence de la ressource sur la côte ghanéenne (Ghana Petroleum Commission, 2022).

Dans les années 1980, l'État, dans le cadre de la libéralisation économique, a fondé la *Ghana National Petroleum Corporation* (GNPC) en 1983 et sanctionné la Petroleum *exploration and Production Law* en 1984 et la *Petroleum Income Tax Law* en 1987. Toutes ces mesures visaient à normaliser la participation du capital de l'État : la GNPC elle-même a été fondée à des fins commerciales et réglementaires, non productives.

Depuis, de nombreuses sociétés ont conclu des accords avec l'État, comme l'American *Atlantic Richfield Corporation* (ARCO), *Amoco* et *Diamond Shamrock*, entre autres. En effet, entre 1984 et 2007, le GNPC, grâce à des ressources rares, était chargé de préparer un ensemble d'études géologiques sur la présence de pétrole, visant à attirer davantage de sociétés étrangères pour explorer la ressource (Ghana National Petroleum Corporation, 2022).

En 2004, débute la concession de permis d'exploration pétrolière offshore dont l'existence avait déjà été signalée par des études de la GNPC. En 2007, le champ *Jubilee a* été découvert par le britannique *Tullow Oil* et l'américain *Kosmos Energy*. La découverte de réserves en quantités commerciales a incité le gouvernement à créer le *Ghana Petroleum Regulatory Bill*, qui a mis à jour les relations entre la GNPC et les sociétés étrangères concernant les découvertes commerciales.

L'État possède tout le pétrole et le gaz naturel du pays et les concessions sont délivrées par l'intermédiaire du *Ministry of Energy and Petroleum* (MoEP). Le processus pour une entreprise d'obtenir une licence d'exploration pétrolière se compose de 10 étapes principales (Ghana Ministry of Energy and Petroleum, 2022) :

- Le MoEP reçoit une lettre de notification de la société concernant son intérêt pour l'exploration pétrolière au Ghana. Le MoEP notifie la réception de cette lettre à la *Petroleum Commission* (PC). Ensuite, l'entreprise est invitée à faire une présentation PC. L'entreprise est prévenue (par courrier) de programmer une visite de la *Data Room* ;

- La société établit le calendrier d'inspection des blocs disponibles pour l'exploration. Des frais non remboursables d'environ 500 USD (Hilson et *al.*, 2014) sont payés selon ce calendrier ;
- La société identifie le bloc d'intérêt et remplit un formulaire pour le MoEP, demandant la zone d'exploration souhaitée. En plus de ce formulaire, l'entreprise doit soumettre au ministère un projet d'exploration, caractérisant les opérations de l'entreprise, ses calculs financiers, etc. ;
- Le MoEP reçoit des frais de demande de 10.000 USD (non remboursables) de l'entreprise. Ce dernier est avisé de la perception de cette taxe. Le projet d'exploration est transmis au GNPC et au PC ;
- Un comité d'évaluation fait des observations sur le projet d'exploration et soumet un rapport au MoEP, faisant des recommandations ;
- Le MoEP décide d'approuver ou de désapprouver le projet et en avise l'entreprise ;
- Si le projet est approuvé, le ministre met en place une équipe de négociation gouvernementale (*Government Negotiation Team)* pour établir un contrat (*Petroleum Agreement*). Un projet du *Petroleum Agreement* est rédigé après une négociation réussie ;
- Les ministres des Finances, de l'Environnement et de la Justice sont appelés à commenter le projet du *Petroleum Agreement* ;
- Le ministre du MoEP soumet le projet à l'approbation du Cabinet. Si le Cabinet l'approuve, le projet est soumis au Parlement pour ratification ;

- Le *Petroleum Agreement entre en* vigueur à compter de la date de sa ratification par le Parlement.

En plus d'être présent dans les phases de recherche, de planification et d'octroi de licences pour l'exploration de la ressource, l'État est également chargé de percevoir les *royalties* (12,5 %), les intérêts GNPC (10 %) et l'impôt sur le revenu (35 %) (Ghana National Petroleum Corporation, 2022).

Les relations de production dans le secteur pétrolier ghanéen sont donc constituées du rôle de l'État – propriétaire de la ressource et superviseur de ses opérations d'exploration – et de sociétés fortement capitalisées, pour la plupart étrangères. Ces entreprises possèdent les machines, les instruments et les conditions d'embauche de la main-d'œuvre pour extraire et traiter l'huile. La société d'État GNPC est principalement responsable des activités d'exploration indépendantes ou d'éventuelles *joint-ventures* avec des sociétés régionales ou étrangères.

Par conséquent, il est essentiel de comprendre comment se déroule le processus d'extraction et de traitement du pétrole dans la formation socio-spatiale ghanéenne, en identifiant les principales entreprises opérant dans le secteur et comment elles disposent de leurs forces productives.

3.3.2. Le circuit spatial de production pétrolière

Le territoire ghanéen compte quatre structures sédimentaires, dans lesquelles se déroulent des recherches de pétrole. Parmi ces bassins, trois se trouvent principalement dans les parties côtières et maritimes du pays, tandis qu'un seul se trouve sur le continent. Les bassins sont :

- Le bassin oriental, connu sous le nom de bassin Tano-Cape Three Point ;
- Le bassin central, connu sous le nom de bassin de *Saltpond* ;

- Le bassin oriental, connu sous le nom de bassin d'Accra-Keta ; et
- Bassin voltaïque.

Les portions maritimes du bassin oriental concentrent la plupart des opérations actuelles. On estime que les réserves du pays dépassent les 4 milliards de barils et, selon la GNPC, 3,8 milliards de barils se situent dans le bassin oriental (Kopinski ; Polus ; Tycholuz, 2013).

Actuellement, une quinzaine d'entreprises opèrent dans le secteur pétrolier de la formation socio-spatiale ghanéenne. Cependant, jusqu'au milieu des années 2010, seule la compagnie irlandaise *Tullow Oil* opérait dans la production pétrolière, tandis que les autres étudiaient encore leurs zones de concession, ou développaient les moyens de production pour lancer la prospection de la ressource.

Société irlandaise basée à Londres, *Tullow Oil a* été fondée en 1986 et a commencé à opérer au Ghana en 2007, après avoir établi son siège social dans la ville d'Accra. La société est également présente dans 19 pays (et 2 colonies) : Congo, Côte d'Ivoire, Éthiopie, Gabon, Guinée, Guinée équatoriale, Madagascar, Mauritanie, Namibie, Kenya et Ouganda (en Afrique) ; Groenland, Guyane, Guyane française, Jamaïque, Suriname et Uruguay (dans les Amériques) ; Pakistan (en Asie) et Royaume-Uni, Pays-Bas et Norvège (en Europe). Au Ghana, la société possède trois concessions situées dans le bassin occidental (Tano-Cape Three Point) : *Jubilee Field, TEN Field* et *Wawá Field.*

Comme mentionné plus haut, jusqu'à présent, la production de pétrole ne se produit que dans le *Jubilé* domaine, dans une zone d'environ 61 km $^{2.}$ Le champ TEN (450 km $^{2)}$ est en cours de développement, alors que le *Wawa Field* (106 km $^{2)}$ est encore à l'étude. Les opérations dans *Jubilee* ont lieu dans les eaux profondes. Le *Tullow Oil* est l'opérateur responsable de la production du *Jubilé,* mais travaille en partenariat avec d'autres sociétés (l'américain *Kosmos* et *Anadarko,* GNPC ghanéen et sud-africaine *Petro S.*A.). Dans cette *coentreprise, Tullow Oil* est responsable de 35,48 %, suivi par Kosmos, 24,08 % ; Andarko, 24,08 % ; GNPC, 13,64 % ; et *Petro* SA, 2,73 %, qui, ensemble, fournir un appui technique à *Tullow Oil* (Tullow Oil, 2022 ; Ghana Petroleum Commission, 2022).

La production dans *Jubilee* a lieu sur un *Floating Production Storage and Offloading* (FPSO). Cette unité est un navire flottant qui extrait et stocke le pétrole, étant un cargo converti en FPSO, produit par la société *Modec Management Services,* de Singapour. S'ajoutent à l'unité d'autres équipements de prospection en eaux profondes, tels que *Christmas Threes, Manifold* et *River Base,* produits par les sociétés américaines FMC *Technology et Technip.* Des pièces et équipements sont également importés de Thaïlande, de Malaisie, du Royaume-Uni, de France et de Norvège (Tullow Oil, 2022).

En termes de main-d'œuvre, le Ghana manque de main-d'œuvre qualifiée – foreurs, ingénieurs, administrateurs et ouvriers d'usine – qui attire souvent de la main-d'œuvre du Nigeria, des États-Unis et d'Europe occidentale. La présence étrangère a déjà créé des conflits avec les travailleurs ghanéens sur la question des salaires : en 2014, les travailleurs locaux de *Jubilee Field se* sont mis en grève pour un salaire égal, affirmant que les expatriés recevaient jusqu'à 10 fois plus que les Ghanéens pour exercer des fonctions similaires (All Africa, 2022).

Le pétrole produit par le Ghana à *Jubilee* est de haute qualité (*high quality light sweet)* et est transporté jusqu'au port de Takoradi au moyen d'un cargo *(Offload Tanker).* À Takoradi, une partie du pétrole produit est stockée et inspectée pour l'exportation. Une autre partie est transportée vers le port de Tema (par pipeline), où elle est traitée à la raffinerie de Tema, dans le but d'approvisionner le marché intérieur.

3.4. Cacao

Actuellement, le cacao est le troisième élément principal du programme d'exportation de la formation socio-spatiale ghanéenne. Après avoir été la principale *commodity* produite et commercialisée par le pays depuis le début du XXe siècle, le cacao a été dépassé par l'or en 1992 et par le pétrole en 2012. En 2018, ses exportations – en ajoutant les graines, la pulpe et le beurre – ont accumulé 2,07 milliards de dollars (13,9 % des exportations totales) (Bank of Ghana, 2019 ; International Cocoa Organization, 2022).

À l'échelle mondiale, la production de cacao ghanéenne en 2018 était de 900.000 tonnes, occupant ainsi la deuxième position mondiale, derrière la seule Côte d'Ivoire, dont la production la même année a atteint 2,1 millions de tonnes. Les autres pays qui ont enregistré une production importante de semences étaient : l'Indonésie (220.000 t.), le Nigéria (245.000 t.), l'Équateur (298.000 t.), le Brésil (195.000 t.), le Cameroun (250.000 t.) et la Papouasie-Nouvelle-Guinée (38.000 t.). Les pays africains suivants produisent et exportent également du cacao : République démocratique du Congo, Gabon, Guinée, Libéria, Sierra Leone et Togo (International Cocoa Organization, 2022).

Le circuit spatial de production de cacao a subi une série de transformations tout au long de l'histoire du Ghana. Ces transformations étaient associées à des combinaisons entre les relations de production et les forces productives dans le pays, ainsi qu'à des facteurs externes, tels que les fluctuations des prix des produits sur le marché international, étroitement liés à la concurrence et à la demande de produits dans la division internationale du travail.

3.4.1. Relations de production et législation dans l'activité cacao

Plante originaire des régions amazoniennes du continent américain, le cacao est arrivé sur le territoire ghanéen actuel à la fin du XIXe siècle. La première culture commerciale a eu lieu en 1879, à Akuapim-Mampong (région Est), coordonnée par Tetteh Quashie, qui avait apporté des graines de l'île de Fernando Po (actuel territoire de la Guinée équatoriale). La récolte, qui a eu lieu en 1883, a été vendue aux agriculteurs locaux et, en 1885, Quashie a réalisé la première exportation de cacao. L'administration coloniale de la Gold Coast a commencé à soutenir et à investir dans cette culture, qui s'est étendue à Akwapen et Akyen (région Est) depuis 1890. Dans les premières décennies du 20e siècle, la culture est arrivée dans les régions Ashanti et Brong-Ahafo (Boateng, 1959 ; Boahen, 1975). La production a augmenté dans les années 1920 et 1930 grâce aux améliorations apportées aux infrastructures, de sorte qu'en 1936, la Gold Coast était le plus grand producteur de cacao au monde, ayant exporté 300.000 tonnes de produits (Boahen, 1975).

Pendant la période coloniale, la production de cacao se faisait sur de petites propriétés appartenant à la population locale, de sorte que l'administration coloniale était chargée d'acheter les marchandises, de les transporter et de les commercialiser sur le marché international à travers le *Cocoa Marketing Board* (CMB), fondé en 1947.

Depuis l'indépendance jusqu'à nos jours, la formation socio-spatiale du Ghana a observé des changements dans les rapports de production liés à l'économie cacaoyère. En termes de production, il y avait la permanence de petits agriculteurs, qui établissent différents contrats relatifs à l'utilisation des terres et aux relations de travail. Il y eut aussi, sous le gouvernement nationaliste de Nkrumah, des investissements dans les *State Farms* (Miracle ; Seidman, 1968).[59] Dans le cadre de la commercialisation du cacao, l'État a joué un rôle central

[59] Les *State Farms* étaient de vastes propriétés de l'État destinées à la production de cacao (orientée vers le marché extérieur) et d'autres aliments (destinés au marché intérieur, comme le riz et les tubercules). Ils visaient à réduire la dépendance vis-à-vis des importations de produits alimentaires, ainsi qu'à accroître *les* exportations de *commodities* Ces exploitations ont commencé à s'effondrer dans les années 1970, en raison de la baisse des subventions à la production et des problèmes liés au transport des marchandises (Miracle ; Seidman, 1968).

à travers le contrôle de la CMG et, des années plus tard, du *Ghana Cocoa Board,* connu sous le nom de COCOBOD (Amoah, 1998).

Ainsi, tout au long de l'histoire, les principaux acteurs des relations de production dans l'économie cacaoyère étaient nationaux, représentés par le rôle des agriculteurs locaux (dans la production) et par le rôle de l'État (dans la circulation, la distribution et le commerce). Dans les quatre décennies qui ont suivi l'indépendance, le cacao a été le protagoniste de l'agenda d'exportation ghanéen, faisant des variations de son prix sur le marché international un élément central de l'entrée de devises dans le pays.

À la fin des années 1980, une importante dévaluation du prix du cacao – qui est passé de 2 113 livres en 1985 à 684 livres en 1992 – a eu de profondes répercussions sur les recettes de l'État, réduisant sa capacité à subventionner l'enseignement primaire et secondaire et à maintenir l'équilibre du territoire et des infrastructures de circulation, qui se trouvaient dans une situation précaire. Cette dévaluation était liée à la forte production du produit dans les pays concurrents (comme la Côte d'Ivoire, le Brésil et la Malaisie) et, dans le même temps, au fait que l'industrie du chocolat a commencé à remplacer certains dérivés du cacao (pâte et beurre) avec d'autres huiles végétales (Hutchful, 2002).

Ce scénario a également entraîné une baisse de la production de cacao dans le pays, ce qui a encore compromis l'afflux de devises étrangères, rendant la situation extrêmement critique à la fin des années 1970 et au début des années 1980, comme déjà mentionné. Dans ce contexte, le gouvernement Rawlings a partiellement accepté la prescription de libéralisation proposée par la Banque Mondiale et le FMI à l'époque. Cette prescription visait, fondamentalement, à étendre les incitations à la production et à réformer le COCOBOD (Hutchful, 2002).

Dans un premier temps, COCOBOD a été réorganisé en divisions opérationnelles et filiales (qui étaient entièrement sous le contrôle de l'État). Ensuite, les conditionnalités du FMI et de la Banque Mondiale – prérogatives pour permettre l'offre de crédit pour la production de la *commodity* – visaient à : réduire les positions publiques dans l'activité ; la fin des subventions aux producteurs (qui aidaient à l'achat d'engrais, de pesticides et de semences) ; la rationalisation des petites usines de transformation du cacao (qui transformaient les graines en pâte ou en beurre) et la privatisation de certaines tâches qui se concentraient sur COCOBOD (ou ses filiales appartenant à l'État), telles que la commercialisation, le transport et la recherche (Hutchful, 2002).

En général, bon nombre de ces objectifs ont été atteints, comme la réduction des subventions publiques aux agriculteurs, la rupture du monopole du transport du cacao (qui avait la charge de la *Produce Buying Company,* une filiale de COCOBOD) et la réduction de la fonction publique dans l'entreprise (qui est passé de 101 mille travailleurs en 1984 à 42 mille en 1991).

Une autre étape importante a été la rupture du monopole du COCOBOD en 1991, permettant aux acheteurs privés d'être autorisés à entrer sur le marché national d'achat du cacao. En 1993, cinq *Local Buying Companies* (LBC) sont entrées sur le marché en concurrence avec *Produce Buying Company* (PBC), une filiale de COCOBOD.

Actuellement, l'économie cacaoyère est encore fortement liée aux intérêts de l'État ghanéen. COCOBOD opère principalement dans l'achat de cacao et son exportation. En outre, l'une des filiales de la société – le *Cocoa Research Institute of Ghana* (CRIG) – effectue des recherches scientifiques dans le secteur (visant à augmenter la production de manière intensive) et un contrôle de qualité du cacao produit dans le pays, considéré comme l'un des plus grands dans le monde (Ghana Cocoa Board, 2022).

3.4.2. Le circuit spatial de la production de cacao

Le cacao est cultivé dans les parties centre-sud du territoire ghanéen. Les plus grandes productions sont enregistrées dans les fermes des régions Ouest et Ashanti, mais il y a aussi une production dans les régions Brong-Ahafo, Est, Centrale et Volta (Ghana Cocoa Board, 2022). Les conditions climatiques, géomorphologiques et pédologiques sont extrêmement importantes pour le développement du cacaoyer, originaire à l'origine de la forêt amazonienne humide et chaude. En général, on peut dire que :

> Le cacao a besoin d'un sol riche et bien drainé dans une zone de précipitations comprises entre 1140 et 1955 mm par an. Une humidité excessive favorise le développement de maladies et entraîne une réduction de la fertilité du sol par lessivage [lavage des nutriments]. Dans les zones qui ont la quantité souhaitée de précipitations, la plante préfère un terrain légèrement vallonné avec un bon drainage souterrain. L'ombre est une autre exigence importante et les plantations de cacao sont plus productives dans les zones de haute forêt, où la plantation est protégée par l'ombre des grands arbres (Boateng, 1959, p.65).

Ainsi, la production a lieu précisément dans les parties forestières tropicales du pays, qui offrent le relief, le sol, le climat et la végétation propices à la culture. Une fois planté, le cacaoyer met entre 5 et 7 ans pour mûrir et porter ses fruits. Dans cette première période de maturation, les agriculteurs cherchent à développer d'autres cultures vivrières parallèles – comme l'igname, le maïs, la banane et l'ananas (figure 14) – destinées à la subsistance et, en cas de surplus, au commerce local. Alors que la culture de ces genres se fait selon la technique de rotation – pour assurer la fertilité des sols – la culture du cacao est fixée sur les exploitations (figure 15).

Une fois la plantation de cacao mûrie et établie, les étapes suivantes de la production nécessitent peu de main-d'œuvre, ce qui doit garantir la propreté de la terre et empêcher la propagation de maladies, comme le balai de sorcière. Les périodes de récolte sont celles qui comptent le plus d'ouvriers, elles se situent donc entre avril et juillet et entre octobre et février (c'est la récolte principale, responsable de plus de 65 % de la production annuelle) (Boateng, 1959).

Il existe différentes modalités d'appropriation des forces productives dans les exploitations cacaoyères. La propriété foncière, l'accès aux outils et aux machines, ainsi que les contrats de travail révèlent la complexité avec laquelle le mode de production capitaliste est développé au Ghana. En ce sens, la culture est aussi une variable importante dans le processus de production, puisque l'usufruit et la propriété foncière passent nécessairement par l'appréciation des chefs locaux. Ces chefs sont les descendants de rois d'autrefois que la colonisation britannique et qui, même privés de souveraineté politique à l'échelle nationale, ont conservé une importance locale ou régionale associée aux pratiques religieuses, tributaires et foncières.

Ainsi, autorisé par l'État ghanéen, le système des contrats fonciers traditionnels révèle la présence d'une autre classe dans les rapports de production, en plus de l'État et des sociétés à capitaux privés (domestiques ou étrangers). On peut dire que ce système

> [...] a été établi pendant la domination coloniale indirecte du Royaume-Uni, dans laquelle le droit coutumier a été incorporé dans un système de *common law* par l'institution des *Native Courts*. Ces tribunaux appliquaient les lois et procédures traditionnelles concernant la question de la terre, les coutumes familiales, la dette, la religion et les délits mineurs, auxquels s'ajoutaient les réglementations coloniales et la fiscalité locale. L'idéologie de la « propriété foncière communale » a été acceptée par le gouvernement colonial britannique, au service des intérêts des chefs locaux et de leurs alliés (Knudsen ; Fold, 2011, p.380).

Ce système a été maintenu même après l'indépendance du Ghana. Les droits fonciers sont garantis à tous au sein d'une ethnie : il s'agit d'une propriété communale, dans laquelle les chefs de l'ethnie sont les principaux gardiens de la terre. Le droit à l'usufruit (et non à la propriété) de la terre est garanti aux clans et aux individus ethniques. Il est important de considérer que les indigènes acquièrent l'usufruit de la terre par le biais de titres (conférés à la naissance), sans qu'il soit nécessaire d'effectuer un quelconque paiement aux autorités traditionnelles. Les étrangers (migrants), quant à eux, acquièrent l'usufruit de la terre à travers trois situations : l'acceptation en tant que membre de la communauté, en cadeau offert par les indigènes ou par l'achat d'une licence d'usufruit (Takane, 2002).

L'usufruit de la terre par des agriculteurs non titulaires du titre héréditaire, pour la plupart migrants, est officialisé par différents contrats de partage de production. Les contrats les plus courants sont *nhwesoo* et *yemayenkye.*

À *nhwesoo,* les locataires gèrent des plantations de cacao établies et, en retour, obtiennent une partie des bénéfices provenant de la vente de la récolte sur le marché. Dans ces exploitations, ils sont responsables du désherbage, de la pulvérisation et de la récolte du cacao. S'il est nécessaire d'engager d'autres agriculteurs pour l'une de ces activités, le paiement est à la charge du locataire. Si le propriétaire du terrain demande une activité supplémentaire au locataire (comme la plantation d'ignames par exemple), ce dernier est rémunéré pour cela. Le partage des bénéfices dans ce cas est l'abus, qui donne 1/3 des revenus au locataire. Si le propriétaire et le locataire sont liés, le partage du profit, dans lequel tous deux empochent la moitié du revenu de la production. Le contrat n'est pas écrit et dure aussi longtemps que les deux parties sont d'accord (il dure généralement entre 1 et 6 ans) (Takane, 2002).

À *yemayenkye,* les locataires sont responsables de toutes les activités de la ferme et, en retour, reçoivent la moitié de la récolte de cacao. La différence entre ce contrat et le *nhwesso* est que, dans ce dernier, le propriétaire fonde la ferme avec son travail (ou avec le travail contracté), tandis que dans le *yemayenkye c'est* le fermier qui fonde la ferme (Takane, 2002).

Même ne produisant pas sur des propriétés privées, condition élémentaire du mode de production capitaliste, les agriculteurs ghanéens à travers l'histoire ont montré une connaissance claire du marché, en élargissant la superficie de la culture du cacao grâce aux intrants offerts par le gouvernement. Dans les années 1990, la frontière de l'expansion agricole du cacao était déjà saturée (Takane, 2002).

Au sein de la main-d'œuvre, quatre contrats sont établis dans la production de cacao : le travail familial, le travail contractuel, le travail communautaire et le travail par groupes d'échange, connu sous le nom de *nnoboa* (Takane, 2002).

Le travail familial, notamment entre conjoint et enfants, est la principale source de travail. Il est important de considérer que « la main-d'œuvre féminine et masculine est utilisée dans toutes les activités agricoles, mais les plus ardues – telles que le défrichage initial et l'abattage des arbres – ont tendance à être effectuées par les hommes » (Takane, 2002, p. 12). Il n'y a pas de paiement de salaires dans ce cas.

Le travail contractuel peut être annuel, journalier ou pour une activité spécifique. Les deux derniers sont principalement utilisés dans les premières étapes de la culture (en particulier le désherbage du sol), mais s'étendent à tous les types d'activités dans la culture en question. Le paiement varie selon l'activité exercée. Les travailleurs annuels, en revanche, sont payés annuellement (avec un salaire inférieur à celui des autres travailleurs) et les employeurs leur fournissent un abri, des instruments, des vêtements et des soins médicaux.

Le travail communautaire est un système de travail dans lequel les agriculteurs effectuent des tâches dans d'autres exploitations. Habituellement, le travail consiste à casser les cabosses et à transporter le cacao fermenté dans un endroit sec. La tâche prend moins d'une journée et il n'y a pas de salaire, mais de la nourriture est fournie aux travailleurs.

Enfin, le travail des groupes d'échange (de *nnoboa)*, qui ressemble apparemment le travail communautaire, les résultats de la formation d'un groupe qui a une affiliation claire parmi ses membres (généralement de cinq personnes). Le travail est modifié par rotation et selon les exigences des exploitations agricoles. Il y a une tendance des hommes et des femmes forment des groupes *nnoboa* distincts. Il n'y a pas de rémunération en salaire.

Ainsi, on peut observer que la main-d'œuvre utilisée dans la production cacaoyère ghanéenne n'est pas structurée dans des relations contractuelles typiquement capitalistes (salaires), à l'exception du travail contractuel. La propriété communale de la terre associée aux rapports horizontaux de production révèle la complexité du mode de production capitaliste dans cette partie du continent africain.

Une grande partie de la population qui vit dans les fermes et dans leurs environs à accès à l'électricité. L'irrigation de la production se fait, principalement, de manière naturelle, à travers les pluies de la région. Dans tous les cas, de nombreuses familles utilisent des puits artésiens pour obtenir de l'eau pour les fonctions quotidiennes de base. Les moyens de production à la disposition des travailleurs sont assez simples et fondamentalement manuels, sans l'utilisation de machines ou d'instruments mécaniques.

Le cacao est ramassé par les agriculteurs manuellement à partir du moment où il est jaune dans les troncs d'arbres. Ensuite, les pépins des fruits sont retirés et enveloppés dans des feuilles de bananier pour être fermentés pendant une semaine. La dernière étape consiste à laisser sécher les graines sur un tapis en bois et au soleil. Certains agriculteurs d'Adanwomase (région Ashanti) assurent que la qualité du cacao ghanéen réside précisément dans le fait que le processus de séchage se fait naturellement, sans l'utilisation de fours, contrairement à ce qui est observé dans d'autres endroits, comme en Côte d'Ivoire.

Les semences sont ensuite ensachées et vendues à COCOBOD ou à une partie des vingt LBC agréées dans le pays (qui, du fait de leur faible capitalisation, opèrent principalement sur le marché intérieur, n'exportant pas les semences). Le COCOBOD, en plus d'acheter la plupart des semences et de les exporter, principalement via le Port de Takoradi, est également chargé d'offrir des subventions aux producteurs et d'établir un contrôle de la qualité des céréales (Kolavalli ; Vigneri, 2011).

3.5. Le marché des commodities *Made in Ghana*

La formation socio-spatiale ghanéenne n'a pas significativement diversifié ses exportations au cours des dernières décennies, de sorte que les forces productives du pays ont majoritairement maintenu les circuits spatiaux de production hérités de l'époque coloniale, à l'exception de l'or, qui était déjà exporté puisque, de moins en moins, le douzième siècle.

Cependant, deux transformations doivent être mentionnées en ce qui concerne le marché ghanéen des *commodities*. Premièrement, il y a eu une augmentation de l'importance des autres *commodities* dans le cadre productif du pays : en 1954, en Côte de l'Or, le cacao représentait plus de 75 % des exportations, suivi de l'or, des diamants et du manganèse (Varley ; White, 1958) ; en 2018, le cacao représentait 13,9 % de la valeur totale des exportations, derrière des *commodities telles* que l'or et le pétrole. En ce sens, l'économie assurait une plus grande stabilité face au marché, car elle devenait moins dépendante d'un seul produit, contrairement à des pays comme le Nigeria, où le pétrole et ses dérivés, qui représentaient généralement plus de 70 % des exportations du pays (Observatory of Economic Complexity, 2022). En 2018, l'or, le pétrole et le cacao représentaient ensemble environ 72 % des exportations ghanéennes.

L'autre transformation concerne la destination de ces exportations. En 1954, 42 % des marchandises *made in Ghana* étaient destinées au Royaume-Uni, alors métropole coloniale. Les autres pays qui importaient des produits de la Gold Coast étaient les États-Unis, l'Australie, le Canada et les Pays–Bas (Varley ; White, 1958). À la fin des années 2010, cependant, ce scénario s'est avéré tout à fait différent. Les principales destinations des exportations du pays en 2017 étaient : l'Inde, la Suisse, la Chine, l'Afrique du Sud, les Pays–Bas, les Émirats arabes unis, entre autres (tableau 5) (Observatory of Economic Complexity, 2022).

Tableau 5 : Destination des exportations ghanéennes en 2017

Continent	**Des pays**
Asie 53 % (9,13 milliards de dollars américains)	Inde : 30 % Chine : 11 % Émirats arabes unis : 4,7 % Malaisie : 2 % Viêt Nam : 1,3 %
L'Europe · 28 % (4,8 milliards de dollars)	Suisse : 11 % Pays-Bas : 5,3 % France : 2,4 % Royaume-Uni : 2,2 % Allemagne : 1,2 %
Afrique 12 % (2,9 milliards de dollars)	Afrique du Sud : 5,4 % Burkina Faso : 2,8 % Togo : 0,89 % Niger : 0,61 % Congo : 0,47 %
Amérique du Nord 5,1 % (869 millions de dollars)	États-Unis : 4,2 % Panama : 0,66 % Canada : 0,2 %
Amérique du Sud 1,1 % (190 millions de dollars)	Brésil : 1,1 %
Océanie 0,39 % (66,7 millions de dollars)	Australie : 0,35 %

Source : Observatory of Economic Complexity, 2022

L'Inde et la Suisse sont les principaux acheteurs d'or ghanéen, ayant acquis respectivement 58 % et 21 % des exportations du métal. Les lingots, comme mentionné ci-dessus, sont transportés par voie aérienne vers l'Europe et l'Asie où ils sont traités par les raffineries indiennes et suisses. La Chine, à son tour, détenait la plupart des exportations de manganèse et la totalité des exportations de bauxite, qui ont été transportées vers le pays d'Asie de l'Est par voie maritime et font partie des circuits spatiaux de production des industries sidérurgiques et métallurgiques.

Il est également important de mentionner que certains pays africains sont parmi les principales destinations des marchandises ghanéennes, ce qui ne se produisait pas à l'époque coloniale. En 2017, l'Afrique du Sud était la destination de 5,4 % des exportations du Ghana (notamment avec la vente d'or pour le raffinage). Viennent ensuite le Burkina Faso et le Togo, qui ont été respectivement la destination de 2,8 % et 0,8 % du flux (Observatory of Economic Complexity, 2022).

Conclusions du chapitre 3

Les exportations et les circuits spatiaux de production du Ghana **pour les *commodities*** font partie des étapes initiales – en tant que matières premières – des chaînes de production opérant à l'échelle internationale. Avec l'approfondissement récent du DIT, les circuits spatiaux de production structurés à l'époque coloniale se sont intensifiés, réaffirmant qu'un des rôles du Ghana est la vente de produits agricoles (cacao) et de ressources naturelles (or, pétrole, manganèse, bauxite et diamants) peu traité au niveau national. Ces données contemporaines ont été consolidées par l'ensemble des politiques néolibérales mises en œuvre dans le pays depuis les années 1980.

Se concentrant sur la privatisation des entreprises publiques et l'ouverture du commerce, les politiques néolibérales au Ghana étaient responsables d'attirer des capitaux privés (en particulier étrangers) pour mener à bien de nombreuses activités liées à la production, la circulation et la distribution des ressources naturelles. Là-bas, il y a eu également une augmentation de la participation des entreprises nationales à capitaux privés (à différents niveaux de capitalisation), en particulier dans la production d'or et de diamants. Le cacao, à son tour, a continué d'être produit par de petits agriculteurs ghanéens et commercialisé par l'entreprise publique COCOBOD.

Les preuves contemporaines montrent l'augmentation significative de la productivité des *commodities* dans le pays ces dernières années. Cette augmentation est principalement due à la performance des entreprises étrangères – notamment dans les activités minières et pétrolières – qui ont introduit de nouvelles forces productives, notamment des biens d'équipement qui ont permis d'accélérer l'extraction des ressources du territoire. Parallèlement, il y a eu une densification sélective des infrastructures dans la partie centre-sud du pays avec l'objectif clair de répondre aux demandes de circulation et de distribution des circuits spatiaux de production de ces *commodities*. À l'exception du système ferroviaire – récemment abandonné – les autoroutes dans les portions centre-sud de la formation socio-spatiale sont en bon état et sont correctement reliées au port de Takoradi, principal point d'exportation du pays.

Il n'y a rien de nouveau dans le fait que l'un des moyens par lesquels le Ghana entre dans le DIT contemporain est la vente de *commodities*. C'est une caractéristique commune à la plupart des formations socio-spatiales africaines, ainsi qu'à la plupart des pays du Sud. Malgré ce constat, posé de manière structurelle, il est important de prêter attention à l'existence de nouveaux contenus dans cette vieille logique d'exportateur de *commodities*. Actuellement, il y a une nouvelle conformation du mode de production dans le pays, avec une plus grande présence de l'entreprise privée au détriment de l'entreprise publique et avec de nouveaux accords commerciaux établis : il faut noter que les pays asiatiques – comme la Chine et Inde – ont consommé chacun des produits ghanéens, dans une relation qui était autrefois dominée par les pays les plus riches d'Europe occidentale, tels que le Royaume-Uni et les Pays-Bas.

Une autre distinction fondamentale de ce type d'insertion dans l'économie mondiale doit être établie en fonction de l'usage donné aux revenus tirés de l'exportation des *commodities* : alors qu'ils finançaient un projet de développement économique nationaliste dans les années 1960 et 1970, ils ont servi à composer le l'équilibre budgétaire dans les années 1980, et de garantir une partie des infrastructures et des incitations publiques visant à attirer des capitaux privés étrangers dans les années 1990, 2000 et 2010.

La présence dominante des *commodities* parmi les principaux éléments dans le panier d'exportation d'un pays est un élément de vulnérabilité dans son économie, en raison des fortes variations des prix des produits sur le marché mondial. Pourtant, le Ghana jouit d'une situation plus favorable que les pays qui sont fortement tributaires de l'exportation d'un seul produit agricole ou minérale. D'une manière générale, on peut en déduire qu'il n'y avait pas des changements structurels dans la façon dont le Ghana a été inclus dans le DIT en ce qui concerne les exportations. Cependant, dans cette situation, la présence de nouveaux capitaux et de nouvelles articulations entre elles peut être observée, ce qui permet une réorganisation des rapports de production et une modernisation des forces productives. De plus, il y a une présence plus régulière et cohérente des axes commerciaux entre les pays du Sud.

Figure 9 : Entrée d'une mine souterraine artisanale à Tarkwa (région Ouest)

Cliché de l'auteur, 2016

Figure 10 : Crusher des roches dans un petit établissement minier à Tarkwa (région Ouest)

Cliché de l'auteur, 2016

Figure 11 : Smother des roches dans un petit établissement minier à Tarkwa (région de Ouest)

Cliché de l'auteur, 2016

Figure 12 : Bassins de décantation à Tarkwa (région Ouest)

Cliché de l'auteur, 2016

Figure 13 : Gisements de manganèse dans le port de Takoradi (région Ouest)

Cliché de l'auteur, 2016

Figure 14 : Plantation de bananes à Adanwomase (région Ashanti)

Cliché de l'auteur, 2016

Figure 15 : Plantation de cacao à Adanwomase (région Ashanti)

Cliché de l'auteur, 2016

Chapitre 4

LES IMPORTATIONS ET CIRCUIT SPATIAL DE PRODUCTION DES *RECOMMODITIES*

« [...] Voici les voitures d'occasion, nous les envoyons dans différentes parties du monde, principalement en Afrique. Il y a quelques années, ils remplissaient ces voitures de toutes sortes de choses : des ordinateurs, de vieux téléviseurs et même des déchets médicaux. La pression des écologistes y a mis fin... Je vous déconseille de photographier cette zone du port".

L'ingénieur Mathis assure qu'il est interdit de photographier cette zone particulière du port d'Anvers, située au nord du territoire belge. Les voitures, pour la plupart de constructeurs asiatiques, sont garées dans cet espace à ciel ouvert et entourées d'une épaisse calandre métallique. Les voitures sont à différents stades de conservation et sont vendues aux pays du continent africain en tant que biens d'occasion. Il est impossible d'observer cet espace et de ne pas transporter le souvenir dans les rues animées d'Accra et d'autres villes ghanéennes, où la majorité absolue des voitures sont anciennes et fabriquées par des marques comme Hyundai, Nissan et Honda.

Mathis continue de se promener dans le port et montre que son organisation interne est basée sur l'origine des produits importés et la destination des produits exportés. Dans le secteur africain, par exemple, il existe des entrepôts occupés par des marchandises provenant de différentes parties du continent, telles que des graines de cacao et des fagots de bois. Les deux peuvent être photographiés.

Cette sélectivité de l'enregistrement photographique dans l'un des plus grands ports d'Europe retient l'attention : les montagnes de graines de cacao et les tas de fagots de bois peuvent être photographiés ; le parking plein de voitures d'occasion ne l'est pas. En d'autres termes, toutes les marchandises portuaires ne peuvent pas être enregistrées publiquement. Ne pas pouvoir photographier les voitures d'occasion qui seront vendues aux pays africains révèle quelque chose d'assez obscur sur l'économie contemporaine qu'il faut étudier. On sait beaucoup de choses sur le dynamisme économique résultant des exportations des pays africains, comparé au dynamisme résultant des importations. Si vous ne pouvez pas photographier ce que vous voyez dans le paysage, vous pouvez au moins le décrire et l'analyser.

4.1. Importations

Les produits manufacturés sont restés parmi les principaux éléments du programme d'importation du Ghana au début du 21e siècle. Une grande partie des activités économiques liées aux importations de ces biens – leur distribution, circulation et vente sur le marché intérieur – est encore peu étudiée par rapport aux activités économiques liées à l'exportation des *commodities,* celles dont les circuits spatiaux de production ont été analysés au chapitre 3.

À la suite du processus historique, la liste des importations autour des produits manufacturés a également été consolidée pendant la période coloniale, lorsque la Gold Coast était obligée – par les lois et la force militaire – d'importer différents types de produits de la métropole. En 1954, par exemple, environ 50 % des importations étaient d'origine britannique et, à mesure que le système colonial s'effondrait, l'origine des importations s'est diversifiée, qui sont venues d'autres pays d'Europe occidentale et des États-Unis (Varley ; White, 1958).

Après l'indépendance en 1957, des efforts pour renverser cette logique économique furent menés sous les gouvernements de Nkrumah (1957-1966) et d'Acheampong (1972-1978) : tous deux consolidèrent des politiques de substitution aux importations qui – à travers l'entreprise d'État et l'importation de biens d'équipement – assuraient diversification productive du territoire.

En même temps, pour rendre viables ces politiques coûteuses, il fallait augmenter la production des *commodities,* dont les exportations garantissaient l'entrée de devises dans le pays. En outre, les deux gouvernements ont augmenté les taxes sur l'importation de certains biens de consommation, notamment ceux produits par la jeune industrie nationale.

De manière générale, ce modèle s'est retrouvé en crise dans le contexte récessif de la fin des années 1970 et au cours des années 1980. Du fait de la dévaluation des prix des *commodities* à cette époque, les recettes d'exportation étaient de plus en plus réduites, ce qui l'a rendu encore plus importateur de biens de production et de capitaux. Marchandises pour l'industrie nationale est coûteuse. L'adhésion déjà évoquée de la formation socio-spatiale ghanéenne aux idéologies néolibérales sous le gouvernement Rawlings (1979-2001) est à l'origine de la baisse significative des dépenses de l'État destinées au secteur secondaire. À cela s'ajoutent les prérogatives politiques de la libéralisation des échanges, avec des réductions douanières qui ont catalysé l'augmentation des importations de biens de consommation durables et non durables.

Les ajustements néolibéraux ont établi une nouvelle forme de contrôle impérialiste des pays du nord sur les pays du sud, dans laquelle les investissements étrangers offerts par les organisations multilatérales visaient à augmenter la productivité de l'agriculture des cultures tropicales, à l'extraction des ressources naturelles et à l'amélioration des infrastructures de circulation et de distribution de *commodities* ; scénario apparemment similaire à celui de la période coloniale (Hutchful, 2002).

À l'échelle régionale au sein du continent, on constate que les pays d'Afrique de l'Ouest présentent de nettes similitudes quant à leurs schémas d'importation actuels (tableau 6), il est donc essentiel de souligner le poids des produits industrialisés (biens de production, capitaux biens et biens de consommation) parmi les principaux articles importés. La forte valeur ajoutée de ces biens a constamment créé des balances commerciales déficitaires pour la plupart de ces pays. Au Ghana, la libéralisation économique s'est caractérisée par une série de réformes commerciales et douanières, dont l'objectif principal était la suppression des barrières à l'importation. Ainsi, il y a eu une baisse significative des taxes, en plus de la suppression des licences d'importation et d'une dévaluation marquée du *cedi* comme stratégie de stimulation des exportations (Chalfin, 2010 ; Harvey ; Sedegah, 2011).

Tableau 6 : Principaux produits importés par les pays d'Afrique de l'Ouest en 2017

Pays	Principaux articles importés
Bénin	Machines, produits alimentaires et pétroliers
Burkina Faso	Machines, produits alimentaires et pétroliers
Cap-Vert	Nourriture, matériel de transport et carburant
Côte D'Ivoire	Carburant, technologie et nourriture
Gambie	Nourriture, carburant, machines et matériel de transport
Ghana	Huile raffinée, machines et aliments
Guinée	Dérivés du pétrole, métaux, machines, équipements de transport et tissus
Guinée Bissau	Aliments, machines et matériel de transport et produits pétroliers
Libéria	Carburant, produits chimiques, machines, matériel de transport et nourriture
Mali	Pétrole, machines et équipement, matériaux de construction, bétail et tissus
Mauritanie	Machines et équipements, produits pétroliers, technologie, produits alimentaires et de consommation
Niger	Machines, produits chimiques, transport, fabrication et équipement alimentaire
Nigeria	Nourriture, machines, pièces de véhicules, huile et céréales
Sénégal	Nourriture, boissons, biens d'équipement et carburant
Sierra Leone	Aliments, machines et équipements, carburants et lubrifiants, produits chimiques
Togo	Machines et équipements, produits alimentaires et pétroliers

Source : Central Intelligence Agency, 2022

Entre 1983 et 2003, la réduction des taxes à l'importation s'est vérifiée dans tous les types de produits et, en particulier, dans les produits industrialisés, qui sont passés de 25-30 % à 0-5 % en produits manufacturés, 30 % à 5 % en biens de capital et 30 à 10 % en biens de consommation (tableau 7) (Brafu-Insaidoo ; Obeng, 2008).

Tableau 7 : Taux d'importation (en %) de biens industrialisés au Ghana entre 1983 et 2003

Année	Biens de production	Biens d'équipement	Biens de consommation
1983	25-30	30	30
1984	25-30	30	30
1985	25-30	30	30
1986	10-20	20	25
1987	15-20	25	35
1988	10-15	15	20
1989	10-15	15	20
1990	10	10	20
1991	10	10	20
1992	10	10	20
1993	0-10	10	20
1994	0-10	10	25
1995	0-10	10	25
1996	0-10	10	25
1997	0-5	5	25
1998	0-5	5	10
1999	0-5	5	10
2000	0-5	5	10
2001	0-5	5	10
2002	0-5	5	10
2003	0-5	5	10

Source : Brafu-Insaidoo ; Obeng, 2008.

La réduction progressive de ces taux a permis l'entrée de divers types de marchandises d'origine asiatique et européenne. Les importations de produits en provenance d'autres pays africains sont encore minoritaires et limitées à des biens spécifiques, comme le pétrole brut, que le Ghana importe du Nigeria.

Certes, l'analyse de l'agenda d'importation d'un pays est centrale pour comprendre son économie, puisqu'en plus d'impacter la balance commerciale, elle révèle des exigences que le mode de production à l'échelle nationale n'est pas en mesure de satisfaire en fonction de l'organisation particulière de ses forces : qu'elles soient dues à des enjeux naturels (géologiques, géomorphologiques, pédologiques ou climatiques), ou dues à la quantité et à la qualité des matières premières, des machines et de la main-d'œuvre disponible.

4.2. Entreprises importatrices

La formation socio-spatiale ghanéenne compte des dizaines de sociétés d'importation. En 2016, il a été possible de réaliser une enquête sur les sites de recherche des adresses de 102 entreprises opérant dans le pays, et nombre d'entre elles opèrent également, en parallèle, à l'exportation de marchandises.

Le facteur de localisation attire l'attention, puisque 90 % de ces entreprises ont leur siège dans Grand Accra, à la fois dans la ville portuaire de Tema (13 importateurs) et dans la capitale Accra (79 importateurs). La ville portuaire de Takoradi (région Est*)* est le siège d'un importateur, tandis que Kumasi (région Ashanti*)* en est le siège de 9. Il y a donc une prédilection de ces entreprises dans les parties centre-sud du territoire. S'intensifie dans les zones de plus grande concentration du marché de la consommation et des activités économiques associées à la fabrication, au commerce et aux services.

Les performances de ce type de société remontent à la période coloniale. Selon Grant :

> Le noyau des entreprises d'import-export se trouve à *Native Town* [Accra] depuis les années 1920, lorsque les petits marchands ont commencé à proposer des gammes étroites de produits à l'échelle locale, nationale et internationale. Les Européens n'étaient pas intéressés à participer à ces activités, qui produisaient un revenu légèrement supérieur aux normes de subsistance. De nombreuses entreprises appartenaient à l'origine à des immigrés, notamment libanais et syriens. Au cours de la phase nationale, une législation a été promulguée pour réserver ces activités aux Ghanéens, incitant nombre de ces immigrants à devenir des Ghanéens naturalisés. Ainsi, leurs entreprises ont commencé à être classées comme entreprises nationales (Grant, 2009, p. 34).

La présence d'origine étrangère dans l'activité est remarquable. Aujourd'hui, nombre de ces entreprises sont dirigées par des familles de marchands syriens et libanais de deuxième ou troisième génération qui ont immigré en Afrique de l'Ouest dans les années 1920. La présence des Indiens, des Chinois et des Néerlandais est également importante aujourd'hui.

Les entreprises, même si elles ont des liens familiaux forts, ont des structures d'exploitation différentes selon leur degré de capitalisation et le secteur d'importation dans lequel elles opèrent. Ainsi, de nombreux entrepreneurs s'implantent à l'échelle transnationale, établissant des bureaux et des représentations dans les pays avec lesquels ils concluent leurs accords commerciaux (tableau 8) :

Tableau 8 : Connexions transnationales des sociétés d'importation au Ghana au début du 21e siècle

Types d'importation	**Liens avec**
Voitures	Pays-Bas, Allemagne et Royaume-Uni
Vêtements	États-Unis, Royaume-Uni et France
Nourriture (transformée)	Nigéria, Liban et Europe
Matériaux de construction	Allemagne et Royaume-Uni
Machinerie	Royaume-Uni et Nigéria

Source : Grant, 2009

Bien que certaines villes situées dans des pays d'Europe occidentale et aux États-Unis aient figuré, en 2009, comme points d'action des sociétés d'importation ghanéennes, il est à noter que la Chine et l'Inde sont devenues des territoires importants pour les accords commerciaux de ces sociétés.

En général, les importateurs opèrent dans des niches de marché spécifiques. Bien que beaucoup prétendent faire des importations en général, la plupart effectuent des importations spécialisées de biens, qui peuvent être classés en trois groupes : produits alimentaires et biens de consommation non durables ; biens de production, et ; biens d'équipement et biens de consommation durables.

4.3. Importation de denrées alimentaires et de biens de consommation non durables

L'entrée d'aliments et de biens de consommation non durables correspond à des produits à faible durabilité et qui sont généralement consommés directement par la population. Cette catégorie comprend, outre les produits agricoles, ceux des industries alimentaires, textiles et pharmaceutiques. En 2017, l'entrée de produits alimentaires et de biens de consommation non durables représentait environ 35,6 % des importations ghanéennes (Observatory of Economic Complexity, 2022). Parmi les principaux produits figurent : le riz, l'huile de palme, le poisson congelé, les pesticides, le blé, le sucre, les médicaments, la volaille, entre autres (tableau 9).

La distribution et la circulation de la plupart des marchandises importées se font principalement à partir du port de Tema, situé plus près des grands marchés de consommation du pays. C'est par les autoroutes que s'effectue la circulation sur le territoire et il est possible d'identifier au moins trois destinations pour les denrées alimentaires et les biens de consommation non durables arrivant au Ghana.

Premièrement, si le produit est déjà complètement fini, emballé et prêt à être consommé, il va directement au commerce qui se déroule dans les activités formelles (magasins et supermarchés) et informelles (foires et marchands ambulants). C'est le cas de nombreux produits, comme le poisson congelé, le poulet congelé, les vêtements, les chaussures, les cheveux synthétiques et les médicaments emballés.

Tableau 9 : Importations de denrées alimentaires et de biens de consommation non durables au Ghana en 2017

Produit	Valeur importée (en dollars)	Principaux pays d'origine
Riz	370 millions (2,8 % du total importé)	Viêt Nam (56 %) ; Thaïlande (31 %) ; Inde (8,4 %).
Huile de palme	327 millions (2,5 % du total importé)	Malaisie (84 %) ; Côte d'Ivoire (8,8 %) ; Indonésie (3,3 %).
Poisson congelé (Hors steak)	278 millions (2 % du total importé)	Mauritanie (21 %) ; Maroc (10 %) ; Belgique (9,7 %).
Pesticides	195 millions (1,5 % du total importé)	Chine (58 %) ; Espagne (11 %) ; Belgique (6 %).
Blé	190 millions (1,4 % du total importé)	Canada (55 %) ; Russie (25 %) ; États-Unis (14 %).
Sucre	189 millions (1,4 % du total importé)	Brésil (60 %) ; Émirats (7,4 %) ; France (6,7 %).
Médicaments (emballés)	184 millions (1,4 % du total importé)	Inde (46 %) ; Belgique (7,5 %) ; Suisse (7,4 %).
Viande de volaille	148 millions (1,1 % du total importé)	Belgique (33 %) ; Pays-Bas (12 %) ; États-Unis (26 %).
Vêtements déjà portés)	128 millions (0,97 % du total importé)	Royaume-Uni (46 %) ; Chine (17 %) Canada (7,5 %).
Chaussures à semelles en caoutchouc (Neuf et d'occasion)	64,3 millions (0,49 % du total importé)	Chine (92 %) ; Nigéria (5,1 %) ; Afrique du Sud (0,64 %).

Source : Observatory of Economic Complexity, 2022

D'autres produits – comme le riz, le blé et le sucre – sont pesés et ensachés par des petites et moyennes entreprises, situées principalement dans la région portuaire de Tema. La même chose peut se produire avec des marchandises potentiellement personnalisables, telles que des chaussures et des vêtements. Ensuite, ces produits sont également commercialisés.

Enfin, des portions de biens importés ne sont pas destinées à la consommation directe de la population, car elles servent de matière première ou d'intrant à d'autres activités économiques. Dans ce groupe, on peut citer : l'huile de palme (utilisée dans la fabrication de savons, bougies, lubrifiants et dans la protection des métaux) ; pesticides (utilisés dans l'agriculture commerciale) ; tissus de coton (utilisés par l'industrie textile) et certains aliments, comme le blé et le sucre (utilisés par l'industrie alimentaire).

Il est également important de noter que certains biens sont produits par l'économie nationale, révélant ainsi deux possibilités d'analyse : l'existence d'une demande de biens supérieure à l'offre disponible par l'industrie locale et/ou l'existence d'un marché diversifié, peuplé par les produits nationaux et étrangers. Des exemples de ces produits sont : le riz et l'huile de palme, tous deux cultivés sur la côte, et le poulet, dont l'élevage a lieu dans tout le pays. Il existe également certains articles d'importation dont la production locale est irréalisable, en raison des conditions naturelles du territoire, comme le blé, qui est cultivé de préférence dans les zones de climat tempéré.

En ce qui concerne l'origine des importations, ces dernières années, on peut constater que la plupart des produits alimentaires et des biens de consommation non durables ont origine asiatique. Dans ce processus, la Chine prend la tête, la vente des produits du Ghana tels que les pesticides, les tissus, les chaussures, les tomates transformées, entre autres. D'autres pays – la Thaïlande et le Vietnam – produisent la plus grande partie du riz importé, ainsi que d'autres biens de consommation non durables (cookies et vêtements). La Malaisie et l'Indonésie sont à l'origine de la plupart de l'huile de palme importée, alors que l'Inde est à l'origine d'environ 50 % des médicaments. La présence de produits en provenance des pays d'Europe occidentale a perdu aujourd'hui l'importance relative due aux exportations asiatiques.

La formation socio-spatiale n'importe pas de grandes quantités de nourriture et de biens de consommation non durables d'autres pays africains. À l'échelle régionale, cela peut s'expliquer en partie par le fait que les pays d'Afrique de l'Ouest ont un programme d'exportation similaire, comme indiqué au chapitre 3. À l'échelle continentale, il est possible de trouver des biens de consommation non durables sud-africains et égyptiens dans certains supermarchés à Accra, Kumasi et Tamale.

4.4. Importation de biens de production

L'entrée des biens de production correspond précisément à l'ensemble des biens importés qui seront consommés par les différentes activités économiques. Cette catégorie comprend essentiellement les matières premières et les matières premières transformées, telles que les roches minérales, les métaux, les métaux précieux, le verre, les plastiques, le caoutchouc et le bois.

En 2017, l'entrée de biens de production représentait environ 29,3 % des importations ghanéennes (Observatory of Economic Complexity, 2022). Parmi ces produits, on peut citer le pétrole (raffiné et brut), le ciment, le fer laminé plat revêtu, les pneus en caoutchouc, les structures et tuyaux en fer, le gaz de pétrole, les céramiques émaillées, entre autres (tableau 10).

Tema et Takoradi sont les deux principaux points d'entrée des biens de production importés. Selon l'origine du produit, les frontières terrestres sont encore utilisées, notamment avec le Togo (à l'est) et la Côte d'Ivoire (à l'ouest), pays qui rendent possible la connexion avec d'autres territoires de la région.

Tableau 10 : Importations de biens de production au Ghana en 2017

Produit	Valeur importée (en dollars)	Principaux pays d'origine
Huile raffinée	416 millions (3,1 % du total importé)	Pays-Bas (27 %) ; Russie (13 %) ; Émirats (7,9 %)
Ciment	268 millions (2 % du total importé)	Turquie (21 %) ; Chine (9 %) ; Espagne (13 %).
Fer laminé plat enduit	182 millions (1,4 % du total importé)	Chine (57 %) ; Inde (15 %) ; Viêt Nam (13 %).
Huile brute	126 millions (0,95 % du total importé)	Nigéria (99,6 %).
Pneus en caoutchouc	118 millions (0,89 % du total importé)	Chine (39 %) ; États-Unis (13 %) ; Japon (12 %).
Structures en fer	113 millions (0,85 % du total importé)	Chine (31 %) ; Inde (12 %) ; Afrique du Sud (11 %).
Autres produits en fer	87,8 millions (0,66 % du total importé)	Chine (38 %) ; Inde (28 %) ; États-Unis (6,5 %).
Tuyaux en fer	70 millions (0,5 % du total importé)	Chine (47 %) ; États-Unis (39 %) ; Corée du Nord (1,6 %).
Gaz de pétrole	64,7 millions (0,49 % du total importé)	États-Unis (63 %) ; Argentine (21 %) ; Algérie (15 %).
Céramique émaillée	59,5 millions (0,45 % du total importé)	Chine (66 %) ; Espagne (21 %) ; Italie (7,3 %).

Source : Observatory of Economic Complexity, 2022

Arrivant dans les ports sur des cargos au départ de pays comme les Pays-Bas, la Russie et les Émirats Arabes Unis, le pétrole raffiné représentait la valeur la plus élevée des importations ghanéennes en 2017, avec 416 millions de US dollars. Les principales utilisations données au produit importé sont : la production d'énergie par la combustion de carburants industriels (kérosène, diesel et gaz de pétrole) et de véhicules (essence d'aviation, essence ordinaire et additive et gasoil) ; asphalte ; et huiles lubrifiantes. La circulation du pétrole raffiné (et de ses dérivés) sur le territoire ghanéen se fait par la route. Le pétrole brut, quant à lui, est presque entièrement importé du Nigeria. Au Ghana, ce pétrole arrive par pipelines vers les zones de stockage de la *Tema Oil Refinery (TOR)*. Située à Tema, TOR est la seule raffinerie du pays, fondée en 1963, sous l'administration du président Nkrumah. Cette importation révèle également une importante relation commerciale à l'échelle régionale en ce qui concerne le secteur de l'énergie.

Dans la liste des importations, les matériaux utilisés dans les travaux de construction civile sont également remarquables, tels que le ciment, les structures et tuyaux en fer et les céramiques émaillées, malgré le fait qu'il existe une industrie nationale des matériaux de construction, en particulier le ciment. Dans ce processus, encore une fois, la Chine joue un rôle commercial central, ayant mené les ventes des produits susmentionnés.

4.5. L'importation de biens d'équipement et de biens de consommation durables

L'entrée des biens d'équipement correspond à l'ensemble des machines, instruments et véhicules qui sont consommés par les entreprises dans les segments les plus variés de l'économie, tels que l'agriculture, l'exploitation minière, la fabrication, la construction civile, le commerce et les services. Les biens de consommation durables, quant à eux, correspondent à des produits développés directement pour la population, tels que les appareils électroménagers, l'électronique et les voitures particulières. Le regroupement de ces catégories est dû au fait que de nombreux produits peuvent avoir les deux types d'usage, au service à la fois des activités économiques et de la population de consommateurs. L'ordinateur, par exemple, est un produit qui peut avoir un usage à la fois professionnel et personnel.

En 2017, l'entrée de biens d'équipement et de biens de consommation durables représentait environ 35,1 % des importations du Ghana (Observatory of Economic Complexity, 2022). Parmi ces produits, on peut citer : les voitures, les motos, les camions et les véhicules de chantier ; pièces de véhicules ; fil ; machines d'excavation et de traitement de roches ; et les ordinateurs (entre autres appareils électroniques) (tableau 11).

Le port de Tema est le principal point d'entrée des biens d'équipement et des biens de consommation durables dans le pays. Moins importants sont le port de Takoradi et les frontières terrestres.

Le Ghana importe une quantité importante de machines d'excavation et de machines de traitement des roches (fragmentation), des biens d'équipement directement associés aux circuits de production spatiale minière du pays. Les importations de ces marchandises représentaient ensemble 224 millions de dollars américains en 2017. Alors que les machines d'excavation sont importées principalement des États-Unis (11 %), les machines de traitement des roches sont importées principalement de Chine (25 %).

Les automobiles importées peuvent être utilisées à des fins économiques et personnelles. Ils représentaient 793 millions de dollars d'importations ghanéennes en 2017. Compte tenu de la précarité ou de l'inexistence des transports en commun dans de nombreuses villes du pays, l'automobile est devenue l'une des formes de circulation les plus efficaces ; Les voitures sont fondamentales dans la fourniture de divers services, en particulier le transport de marchandises et de personnes, tels que les taxis (particuliers) et les *tro-tros* (fourgonnettes, régularisées ou non, qui transportent la population à l'échelle urbaine et interurbaine). La plupart de ces voitures sont importées des États-Unis.

Tableau 11 : Importations de biens d'équipement et de biens de consommation durables au Ghana en 2017

Produit	Valeur importée (en dollars)	Principaux pays d'origine
Voitures	793 millions (6 % du total importé)	États-Unis (45 %) ; Canada (6,8 %) ; Émirats Arabes Unis (11 %).
Camions de fret (De livraison)	442 millions (3,3 % du total importé)	Afrique du Sud (15 %) ; Chine (14 %) ; Belgique (12 %).
Fil isolé	210 millions (1,5 % du total importé)	États-Unis (43 %) ; Chine (25 %) ; Turquie (12 %).
Véhicules de construction (grands)	178 millions (1,3 % du total importé)	Chine (27 %) ; Belgique (14 %) ; États-Unis (8,9 %).
Navires (cargo et passagers)	153 millions (1,2 % du total importé)	Congo (99,3 %).
Navires (cargaison spécifique)	146 millions (1,1 % du total importé)	Congo (52 %) ; Chine (20 %) ; Royaume-Uni (18 %).
Machines d'excavation	120 millions (0,9 % du total importé)	États-Unis (11 %) ; France (10 %) ; Belgique (9,5 %).
Téléphone	112 millions (0,84 % du total importé)	Chine (37 %) ; Hong-Kong (26 %) ; Suède (8,5 %).
Machines de traitement des roches	104 millions (0,79 % du total importé)	Chine (25 %) ; États-Unis (11 %) ; Afrique du Sud (8,1 %).
Pièces de véhicules	70,9 millions (0,54 % du total importé)	Chine (17 %) ; Belgique (14 %) ; États-Unis (12 %).
Des ordinateurs	60,9 millions (0,46 % du total importé)	Chine (21 %) ; Émirats arabes unis (15 %) ; France (9,6 %).
Motocyclettes	57,5 millions (0,43 % du total importé)	Chine (83 %) ; Inde (5,6 %) ; Japon (4,2 %).

Source : Observatory of Economic Complexity, 2022

Les motos sont des produits qui ont également un usage polyvalent, largement acquis par la population jeune du pays comme une possibilité de circulation plus fluide et moins chère que l'automobile (au moins à l'échelle urbaine). Les importations de ce produit ont atteint 57,5 millions de dollars américains en 2017, dont la plupart (83 %) étaient importés de Chine, suivie de l'Inde (5,6 %).

Pièce élémentaire pour le fonctionnement de l'économie nationale – dont la circulation est structurée sur le transport routier –, les camions importés ont totalisé 442 millions de dollars US en 2017 et provenaient principalement d'Afrique du Sud (15 %), de Chine (14 %) et de Belgique (12 %).

Un produit qui a considérablement modifié le dynamisme de l'économie ghanéenne est le téléphone portable. Il représentait l'un des produits les plus importés parmi les biens d'équipement et les biens de consommation durables en 2017, étant, ainsi que les voitures et les ordinateurs, utilisés à la fois à des fins professionnelles et personnelles. Ses importations totalisaient une valeur de 112 millions de dollars, ce qui représentait 0,84 % du total national en 2017. Les marques chinoises sont parmi les plus présentes, à savoir : *Huawei, Lenovo, Coolpad, Xiaomi, Meizou,* ZTE et OPPO. L'importation d'autres appareils électroniques sera analysée plus loin dans ce chapitre, car ils peuvent faire partie d'un type spécifique de produit importé : le produit d'occasion ou le déchet électronique lui-même.

4.6. La prédominance chinoise dans les importations ghanéennes à l'échelle mondiale

Ces dernières années, la Chine est devenue le principal partenaire commercial du Ghana. En 2017, les marchandises chinoises importées ont totalisé 3,08 milliards de dollars, soit 23 % de la valeur totale de la liste des importations du pays d'Afrique de l'Ouest. En deuxième position se trouvaient les États-Unis, avec 1,1 milliard de dollars (8,3 %), suivis de l'Inde, avec 661 millions de dollars (5 %) (Observatory of Economic Complexity, 2022). Sur le total des marchandises chinoises importées par le Ghana en 2017, on peut considérer que :

- 32 % étaient des produits alimentaires et des biens de consommation non durables, tels que les textiles (9,8 %), les produits chimiques (8,5 %), les aliments transformés (3,7 %) et les chaussures (3,4 %).
- 34 % étaient des biens de production, tels que les métaux (18 %), les plastiques et le caoutchouc (6,2 %) et les roches et le verre (4 %).
- 34 % étaient des biens d'équipement et des biens de consommation durables, tels que des machines (25 %) et du matériel de transport (9 %).

La forte présence chinoise au Ghana s'est intensifiée non seulement par l'acquisition de marchandises importées, mais aussi par le développement d'une classe de marchands chinois basés à Accra, qui devient chaque jour plus influente dans l'économie urbaine du pays. En outre, une série de projets d'infrastructure sont réalisés par des entreprises dans le pays asiatique avec l'objectif fondamental d'augmenter la fluidité du territoire ghanéen, comme mentionné au chapitre 2. Cette réalité a été observée et étudiée dans de nombreux autres pays sur le continent au présent.

Les relations entre la Chine et les pays africains sont anciens. Il existe des archives indiquant que plus de 60 navires chinois ont voyagé dans différents territoires d'Afrique de l'Est pendant la dynastie Ming, en particulier entre 1418 et 1433 (Brautigam, 2009). Dans le cas de la formation socio-spatiale ghanéenne, les relations entre Accra et Pékin se sont intensifiées à partir des années 1960, sous le gouvernement Nkrumah. Durant cette période, le Ghana a offert un soutien diplomatique à la République populaire de Chine (RPC) à des moments importants de la géopolitique du pays : en 1960, Nkrumah a soutenu la réintégration du pays asiatique aux Nations Unies et, en 1962, le même président a soutenu le pays pendant la guerre sino-indienne. En 1961, le leader de la Révolution chinoise, Mao Tsé-Toung, reçoit le leader de l'indépendance ghanéenne à Hangzhou (dans l'est de la

Chine), date à laquelle les relations diplomatiques entre les pays se renforcent.

D'autres preuves du soutien diplomatique ghanéen à la RPC sont apparues en 1989, lors des manifestations de la place Tiananmen. Afin de reconnaître et de récompenser ce soutien, le gouvernement chinois a offert au Ghana la construction de son Théâtre National, situé au centre-ville d'Accra (figure 16).

D'une manière générale, on peut considérer que la présence chinoise au Ghana et dans la plupart des pays africains a intensifié son expansion économique dans les années 1990 et 2000. La stratégie internationale du pays asiatique a été fait viable avec le *Go Out* politique. Les mots à titre de don :

> En 1999, le gouvernement chinois a lancé la politique de *sortie* pour encourager les entreprises chinoises à investir à l'étranger et cela est devenu le pilier de la stratégie de développement de la Chine après 2001. Cette politique a encouragé les entreprises chinoises à faire des affaires à l'étranger par étapes qui ont rendu les entreprises chinoises plus compétitives en acquérant actifs stratégiques, assurer l'accès aux ressources naturelles et établir de nouveaux marchés pour les exportations chinoises. Initialement, de grandes entreprises de construction publiques ont mené le processus, mais récemment des entreprises privées de tous les secteurs ont participé (Grant, 2015, p. 289).

Le succès de cette stratégie s'est vérifié par le fait qu'aujourd'hui, la Chine est devenue le plus grand partenaire commercial du continent, en plus d'être l'un de ses plus gros investisseurs. En 2012, ses accords bilatéraux avec les pays africains ont atteint 200 milliards de dollars, basés principalement sur l'importation de ressources minérales et de pétrole en échange de la vente de produits manufacturés (Grant, 2015). Cette relation s'est progressivement institutionnalisée à travers le *Forum China Africa Cooperation,* qui s'est tenu à Pékin en 2006. Il est important de noter que, dans ces relations – établies avec des accords bilatéraux – la RPC manifeste une politique de non-ingérence dans les affaires intérieures des pays africains, respectant les principes de souveraineté territoriale de ces États. Les principaux engagements de la Chine vis-à-vis des formations socio-spatiales africaines sont : l'intensification des investissements et de l'aide financière ; intensifier le commerce ; renforcer la coopération autour du développement économique ; faciliter l'allégement de la dette ; construire un large éventail d'infrastructures (principalement les transports, l'énergie, ainsi que des écoles et des hôpitaux) ; et coopérer au développement des ressources naturelles et humaines (de l'extraction minière à l'éducation) (Grant, 2015).

Entre 2005 et 2015, le Ghana a reçu plus de 6 milliards de dollars d'investissements chinois. Des pays comme le Nigeria, l'Algérie, l'Égypte, l'Éthiopie, le Kenya et l'Angola ont reçu chacun plus de 10 milliards au cours de la même période. Dans la formation socio-spatiale du Ghana, ces investissements sont associés à l'exploration pétrolière, ainsi qu'à la construction d'infrastructures de circulation, d'assainissement de base et d'énergie.

Il est largement connu aujourd'hui, surtout en Occident, que la Chine a été responsable d'un processus de néocolonialisme sur le continent africain. Avant d'évaluer l'adhésion de cette perspective à la réalité, il est important d'en localiser l'origine, qui remonte à la presse, aux hommes politiques, aux hommes d'affaires et aux intellectuels d'Europe occidentale et des États-Unis. Selon Grant, cette perspective sert à disqualifier la stratégie chinoise sur le marché international. Le même auteur attire l'attention sur les manières hyperboliques dont les médias traitent la question :

> L'engagement de la Chine avec l'Afrique est un sujet provocateur. Il y a eu des vagues de désinformation, des campagnes publicitaires, des rapports anecdotiques et des conclusions hâtives et spéculatives sur ce que font

> les Chinois en Afrique. Les médias hyperboliques décrivent la relation comme une « histoire d'amour », « une attraction fatale », « un chinois pour voyager », « un nouveau colonialisme » [...] (Grant, 2015, p. 288).

Les accords bilatéraux conclus entre la RPC et les États africains sont exécutés en vertu du principe de souveraineté territoriale ; très différent de la façon dont les États européens ont développé leurs relations avec le continent au cours des 19e et 20e siècles. Par ailleurs, les accords sino-africains n'ont pas généré une aliénation de la dynamique productive du territoire dans le même moule que les politiques néolibérales diffusées par le FMI et la Banque Mondiale dans les années 1980 et 1990, puisque cette dernière imposait un agenda fiscal et qui faisait le projet de développement industriel des pays africains irréalisable. Il y a de nombreux aspects à aborder dans les relations entre la Chine et l'Afrique et, selon Grant, ils peuvent être classés en opportunités ou en défis (tableau 12).

Il n'est pas encore possible d'énoncer les effets les plus structurels de cette relation. Il faut être prudent et éviter les généralisations à partir de cas particuliers. Bien que la stratégie chinoise soit similaire pour différents territoires africains, les stratégies des différents territoires africains avec la Chine ne sont pas les mêmes. Comme déjà mentionné, dans le cas du Ghana, la présence chinoise se traduit par des investissements dans des travaux d'infrastructure – routes, autoroutes et centrales hydroélectriques – et dans des recherches visant la prospection pétrolière (avec la compagnie d'État ghanéenne), ces projets ont donc fait viable le développement des forces productives du pays.

Tableau 12 : Possibilités et défis de l'engagement chinois en Afrique

Possibilités	**Défis**
Demande d'investissement (par l'intermédiaire d'institutions financières chinoises telles que *China Import-Export Bank)* ; Exécution de projets d'infrastructure (à travers l'établissement de routes commerciales intra et interétatiques) ; Création de zones économiques spéciales ; Amélioration des moyens de mener les négociations commerciales bilatérales (impliquant l'éthique du travail, l'esprit d'entreprise, l'expansion du réseau international de fournisseurs et la planification d'entreprise) ; Amélioration des modèles de fournisseurs mondiaux et des concessions commerciales sur les marchés européens et américains ; Augmentation du pouvoir d'achat des consommateurs (grâce à l'accès à des produits chinois bon marché) ; Création d'emploi ; Contrebalancer l'idée que l'Occident correspondrait à la meilleure alternative commerciale pour les pays africains ; Possibilité de coopération Sud-Sud.	Relations de travail précaires ; Mauvaises normes de sécurité environnementale et sanitaire ; Délocalisation des travailleurs africains du marché du travail formel vers le marché du travail informel (car de nombreuses entreprises chinoises préfèrent expatriés chinois pour travailler en Afrique) ; Manque de transfert de technologie (entre les entreprises chinoises et l'État/entreprises ghanéennes) ; Concurrence entre les industries chinoises et ghanéennes ; Utilisation de machines d'occasion, entraînant une production de qualité inférieure ; Développement de l'enclave (investissements sélectifs uniquement dans les zones d'intérêt économique chinois) ; Manque de transparence dans les accords bilatéraux sans prise en compte de la société civile ; Incertitudes sur le rôle des Africains dans le processus ; Reproduction des relations de dépendance.

Source : Grant, 2015

4.7. La présence des pays de la CEDEAO dans les échanges du Ghana avec le continent

Diversifier les partenariats commerciaux – notamment avec les pays du continent – a été l'un des objectifs des gouvernements ghanéens. Autant ces relations sont encore plus réduites par rapport à d'autres partenariats commerciaux (avec l'Europe et l'Asie, principalement), les avancées des dernières décennies sont remarquables : en 2017, 12 % des exportations du Ghana sont allées vers les pays africains et 12 % des importations sont venues du même continent, différent de 1980, où ces pourcentages étaient respectivement de 2,5 % et 3,7 % (Amoah, 2014 ; Observatory of Economic Complexity, 2022).

Actuellement, alors que les exportations ghanéennes vers d'autres pays du continent correspondaient à 2,09 milliards de dollars (en 2017) – avec des marchandises destinées principalement à l'Afrique du Sud (44 %), au Burkina Faso (23 %), au Togo (7,3 %), au Niger (5 %), Congo (3,9 %) et Sénégal (3,4 %) –, les importations de biens africains au Ghana ont atteint la valeur de 1,56 milliard. Dans ces importations, les produits sud-africains 25 % de la valeur importée, suivis des produits nigérians (19 %), congolais (15 %), marocains (7,4 %), ivoiriens (6,3 %), togolais (6,1 %) et mauritaniens (3,9 %) entre autres (Bénin, Sierra Leone, Sénégal, etc.) (Observatory of Economic Complexity, 2022).

Plusieurs facteurs techniques et politiques contribuent à la configuration de ce cadre d'échanges commerciaux entre le Ghana et les pays africains. Selon Amoah, parmi eux figurent : les différents types d'impôts perçus sur les marchandises ; la qualité des infrastructures de circulation, de communication et d'énergie ; la distance entre les emplacements ; et la stabilité politique des pays, ainsi que leurs différences linguistiques (Amoah, 2014).

Cependant, même face à certaines difficultés d'intégration, les blocs régionaux ont fourni un effort progressif pour intensifier les échanges entre les États africains et, dans le cas du Ghana, entre les États de la partie occidentale du continent, associés à la Communauté Économique des États de l'Afrique de l'Ouest (CEDEAO). Actuellement, les membres de la CEDEAO sont : le Bénin, le Burkina Faso, le Cap-Vert, la Côte d'Ivoire, la Gambie, le Ghana, la Guinée, la Guinée Bissau, le Libéria, le Mali, le Niger, le Sénégal, la Sierra Leone et le Togo.

La CEDEAO a été fondée en 1975, avec l'objectif affiché de « promouvoir la coopération et le développement dans les domaines de l'industrie, des télécommunications, de l'énergie, de l'agriculture, des ressources naturelles, du commerce, des questions financières et monétaires et des questions sociales et culturelles » (Oteng-Kufuor, 2006, p. 23). Cet objectif s'inscrivait dans une perspective de régionalisme développemental, selon l'analyse d'Oteng-Kufuor ; pour l'auteur, cette perspective a duré jusqu'en 1993 et, en elle, le rôle des États a été fondamental dans le développement de la coopération souhaitée des projets de développement économique par la voie industrielle.

Le Traité de la CEDEAO de 1975 a affirmé que des efforts seraient déployés parmi les pays signataires pour rechercher une réduction progressive des tarifs et autres barrières commerciales dans la région. De plus, il y avait une volonté de créer une union douanière qui garantirait également la libre circulation des personnes, des services et des capitaux (Oteng-Kufuor, 2006).

Parmi les principaux protocoles et décisions du bloc, on peut citer le *Community's Trade Liberalization Scheme* (TLS), dont l'objectif était de supprimer les taxes commerciales et de favoriser les échanges (notamment de produits manufacturés) entre les pays de la communauté. Les décisions du TLS ont été progressives et, en résumé, elles n'ont pas abouti pour quatre raisons principales : les pays membres devaient maintenir les taxes commerciales, car c'était l'un des principaux moyens par lesquels ils obtenaient des revenus pour le gouvernement ; les sociétés à capitaux étrangers opérant dans les anciennes colonies françaises (Côte d'Ivoire et Sénégal) ont été privilégiées.[60] Imposer des difficultés d'expansion des marchés régionaux aux pays en voie d'industrialisation par substitution des importations (Nigeria et Ghana) ; l'échec du *Fonds* de la CEDEAO, qui a servi à compenser les pertes de revenus générées par les baisses

---

[60] En Côte d'Ivoire, plus de la moitié de l'industrie était contrôlée par des capitaux étrangers, notamment les industries du cuir et de la chaussure, dont 99 % du capital était français (cette prédominance a également été observée dans les industries mécaniques, chimiques et textiles raffinage du pétrole, où les capitaux français contrôlaient respectivement 88 %, 75 % et 71 % des activités). Au Sénégal, le contrôle majoritaire français s'est également produit dans les industries chimiques (89 %) et mécaniques (88 %) (Oteng-Kufuor, 2006).

tarifaires de TLS, mais qui n'a pas reçu les contributions nécessaires des pays de la communauté ; les différentes étapes de l'indépendance économique et politique des pays membres ; et les problèmes liés à la hiérarchie au sein du bloc (avec un leadership nigérian supposé qui ne convenait pas à tous les pays) (Oteng-Kufuor, 2006).

En 1993, une révision du Traité de la CEDEAO de 1975 a été effectuée. Dans cette révision, appuyée par une perspective du nouveau régionalisme (Oteng-Kufuor, 2006), les politiques envisagées étaient plus conformes à la logique néolibérale, se concentrant principalement sur la création d'un espace de libre marché, d'union douanière et du marché commun (Oshikoya, 2010). L'objectif était également de créer une monnaie unique, la *West African Monetary Zone* (WAMZ) – entre la Gambie, le Ghana, la Guinée, le Nigeria et la Sierra Leone – qui n'est pas encore entrée en vigueur.

Actuellement, la communauté se divise en la *Commission de* la CEDEAO, le *Parlement communautaire,* la *Cour de Justice* et la *Banque d'Investissement et de Développement de* la CEDEAO. En plus des politiques commerciales, l'intégration dans le bloc s'est faite par l'application d'une série de mesures comme la libre circulation des personnes nées dans les pays du bloc (Uexkull, 2012).

La CEDEAO a un impact beaucoup plus important sur la dynamique d'importation de biens de la formation socio-spatiale ghanéenne que sur sa dynamique d'exportation. Comme déjà mentionné, en 2017, les exportations du pays vers d'autres territoires africains ont totalisé 2,09 milliards de dollars. Sur ce total, les pays membres de la CEDEAO ont été la destination de 49,5 %, avec en tête le Burkina Faso (23 %), suivi du Togo (7,3 %) et du Niger (5 %).

L'origine des importations ghanéennes suit cependant un autre schéma. La formation socio-spatiale a importé l'équivalent de 13,2 milliards de dollars en 2017. Sur ce total, 6,1 milliards (46 %) ont été dépensés en produits asiatiques et 3,7 milliards (28 %) en produits européens. Les marchandises africaines ont totalisé 1,56 milliard de la valeur totale des importations (l'équivalent de 12 %). Parmi les pays africains, les produits originaires de la CEDEAO ont représenté 42 % des importations ghanéennes, principalement du fait des importations nigérianes (19 %), ivoiriennes (6,3 %), togolaises (6,1 %) et mauritaniennes (3,9 %) (Observatory of Economic Complexity, 2022).

4.8. Importation de courrier indésirable

Deux aspects qui ressortent le plus dans le programme d'importation du Ghana aujourd'hui sont les équipements électriques et électroniques usagés et les déchets électroniques (également appelés déchets d'équipements électriques et électroniques ou DEEE) qui, selon le guide du port d'Anvers, ont été éliminés à l'intérieur de voitures d'occasion[61] à envoyer dans les pays africains.

Ces dernières années, ces importations ont généré une série d'activités économiques dans l'espace urbain du Ghana. De telles activités font partie d'étapes négligées par l'analyse des circuits spatiaux de production, celles qui s'effectuent après la consommation d'un certain produit vendu sur le marché.

D'une manière générale, ces activités impliquent des travaux de réparation et de recyclage : tandis que la première effectue des réparations sur des objets destinés à être consommés par les entreprises et la population locale, la seconde récupère les minerais des déchets électroniques – un

---

[61] Des importations de voitures d'occasion ont lieu au Ghana depuis des décennies. Cette activité est principalement exercée par des marchands nigérians qui établissent des liaisons entre différentes villes portuaires d'Europe occidentale (Hambourg, Rotterdam, Anvers et Marseille, entre autres) et en Afrique de l'Ouest (Dakar, Accra et Cotonou, entre autres). Compte tenu du caractère informel de ce type de commerce, il est extrêmement difficile d'obtenir des données officielles sur ses flux, mais on estime qu'au Ghana, environ 80 % des voitures importées sont d'occasion (Chalfin, 2008 ; Beuving, 2013).

procédé également connu sous le nom de minage urbain (Grant, 2016) – pour les commercialiser sur le marché international. L'ensemble des activités liées à la réparation et au recyclage se déroule essentiellement dans Grand Accra et se caractérise par des conditions de travail précaires, dans un contexte d'informalité qui s'est intensifié après les ajustements du pays aux politiques néolibérales des années 1980.

À ce stade, il est essentiel de mentionner que les produits d'occasion peuvent également être considérés comme des déchets, puisqu'ils ont été jetés par le consommateur d'origine. Cependant, étant donné la connotation historiquement négative attribuée à ce terme, ils ont été appelés équipements d'occasion, car, même mis au rebut, ils ont encore un potentiel de réutilisation dans le cadre de leur fonction d'origine. De plus, ces équipements ont une durabilité limitée, même s'ils subissent des réparations. Ainsi, même s'il y a un refus de considérer ces objets comme des déchets, c'est ce qu'ils seront dans un court laps de temps, lorsqu'ils n'auront plus les conditions techniques pour fonctionner.

En tout cas, cette masse de biens matériels trouve son origine dans les pays du Nord – notamment les pays d'Europe occidentale, les États-Unis et le Canada – et correspond à une autre externalité créée par le grand capital, dont la productivité industrielle – cause et conséquence de la société de consommation – vise le marché de consommation des pays les plus riches, où la majorité de la population a les moyens financiers d'acheter, de consommer et de jeter les rejets incessants. Dans ce processus, la production de déchets a atteint des proportions sans précédent : selon les études de Moore, il y a eu une augmentation de 23 % de sa production dans les villes des pays développés entre 1990 et 2006, passant de 530 à 650 millions de tonnes (Moore, 2011).

Une grande partie de ces déchets produits ne sont ni recyclés ni traités dans sa zone de production, ce qui montre l'existence de sa circulation. Depuis les années 1990, des théoriciens renommés de la mondialisation ont annoncé l'existence d'un processus d'accélération et d'internationalisation sans précédent de différents types de flux, mettant l'accent sur les biens, les services, les capitaux, l'information et les personnes. Dans la plupart de ces analyses, le flux de déchets est discrètement évoqué d'un point de vue environnemental, ou simplement ignoré. La circulation et la distribution des déchets déclenchent l'approfondissement de la division internationale du travail, étant une autre manifestation catégorique de la mondialisation en tant que perversité (Santos, 2000).

Les efforts internationaux visant à légiférer sur les flux de déchets ont été présentés lors d'une série de réunions depuis la fin des années 1980, dont la plus importante était la Convention de Bâle, tenue en Suisse en 1989. Cette convention a créé le seul traité qui vise à contrôler le mouvement international des déchets dangereux. Déchets, y compris les déchets électroniques. D'autres conventions visaient également à réduire et contrôler les flux de déchets entre les pays, comme la Convention de Bamako (Mali, 1991), la Convention de Rotterdam (Pays-Bas, 1998) et la Convention de Stockholm (Suède, 2001) (United Nations Environmental Programme, 2015).

La mesure du flux de DEEE est une tâche d'une grande complexité, en raison des différentes classifications que peut avoir un objet mis au rebut. Dans tous les cas, on estime que 70 % de la masse de produits électroniques arrivant au Ghana sont *des déchets électroniques* (Grant, 2016) et, ces dernières années, ce flux a été signalé principalement par : les agences de recherche des Nations Unies, tels que l'*United Nations Environmental Programme* (UNEP) ; les organisations non gouvernementales (ONG) telles que le *Greenpeace* ; et des écologistes indépendants comme le Ghanéen Mike Anane. La spécificité de ces déchets réside dans le fait qu'ils peuvent être extrêmement nocifs pour la santé humaine et l'environnement, s'ils ne sont pas stockés et traités correctement, via des infrastructures de recyclage coûteuses.

Les données de la Police Internationale (INTERPOL) indiquent qu'environ 90 % des DEEE dans le monde sont commercialisés illégalement, jetés dans des décharges et traités de manière informelle. L'UNEP assure qu'en 2014, 42 millions de tonnes de déchets électroniques ont été générées, l'équivalent de 50 milliards de dollars (United Nations Environmental Programme, 2015). Selon Grant et Oteng-Ababio :

> Les déchets électroniques [...] sont définis comme un appareil électronique détaillé, mis au rebut, excédentaire ou obsolète qui entre dans le flux de déchets, mais qui est ensuite approprié, réutilisé, revendu, récupéré, recyclé ou mis au rebut (Grant ; Oteng-Ababio, 2012, p.1).

Ainsi, aujourd'hui, une quantité importante de ces déchets s'est accumulée dans les périphéries des villes portuaires non seulement au Ghana, mais aussi au Sénégal, au Libéria, en Côte d'Ivoire, au Togo, au Nigeria, au Congo, en Égypte, au Pakistan, en Inde, au Vietnam, au Bangladesh et la Chine, entre autres pays du Sud. Le Ghana est devenu aujourd'hui l'une des principales destinations de ce flux en raison de la mise en place d'une politique douanière qui a réduit à zéro les droits d'importation sur les équipements électriques et électroniques, y compris ceux classés comme de seconde main. La justification officielle de cette politique était qu'elle permettrait à la population ghanéenne – qui a un faible pouvoir d'achat (44 % des Ghanéens vivent avec moins d'un dollar par jour) – d'accéder au monde dit numérique, via la consommation des Technologies de l'Information et de la Communication. Ainsi, le flux en question s'est intensifié au milieu des années 2000. Selon Grant et Oteng-Ababio :

> En 2004, le gouvernement du Ghana (GOG) a mis en place une nouvelle politique pour combler la fracture numérique, en réduisant à zéro la taxe à l'importation sur les ordinateurs usagés et en ouvrant la voie pour que le pays devienne un pôle d'attraction pour la réception de navires contenant du courrier indésirable. Un

> environnement politique national favorable a été maintenu (par exemple, en 2009, l'initiative « un ordinateur portable par enfant » [Kotey, 2010], ainsi que le projet « un ordinateur portable par unité familiale » [Ghana Times, 2009]), avec des conséquences inattendues (Grant ; Oteng-Ababio, 2012, p. 2).

Malgré les accords internationaux visant à freiner les flux transfrontaliers de déchets, la formation socio-spatiale ghanéenne, depuis le milieu des années 2000, a mis en place un accélérateur pour ce même flux. La taille du volume de déchets électroniques qui arrivent au Ghana est difficile à mesurer, car les conteneurs qui sont éliminés au port de Tema mélangent des objets complètement endommagés (et inutilisables dans leurs fonctions d'origine) et des objets qui, avec différents niveaux d'utilisation, peuvent être réparés et vendus sur le marché local, même s'ils ont une courte durée de vie et feront partie, dans un avenir proche, de la quantité de déchets électroniques dans le pays.

Autant que les importations en provenance des pays d'Europe occidentale, des États-Unis et du Canada prévalent, la formation socio-spatiale ghanéenne importe des déchets électroniques d'environ 145 pays. Le trafic a augmenté de 215.000 tonnes métriques entre 2004 et 2009 et, actuellement, on estime qu'entre 300 et 600 conteneurs du matériel (chaque conteneur avec 67,6 mètres cubes de stockage) arrivent au port de Tema (Oteng-Obabio, 2013 ; Grant, 2016).

Parmi les objets qui composent ce type de déchets, on peut citer : les ordinateurs ; comprimés ; téléphones portables ; postes téléphoniques fixes ; système audio ; imprimantes et photocopieuses ; moniteurs (LCD, LED et CTR) ; chargeurs en général ; lecteurs ; stabilisateurs ; filtres de ligne ; fils et câbles électroniques ; sources ; HD ; hubs ; routeurs ; commutateur s ; souris ; claviers ; cartes électroniques ; et des panneaux de commandes électriques.

L'importation de déchets électroniques et les activités liées à leur traitement ont fait l'objet de nombreux rapports d'enquête ces dernières années (The Guardian, 2022 ; Al Jazeera, 2022). Dans ces reportages, des images épouvantables d'Agbogbloshie – un quartier ghanéen où se trouve l'un des plus grands gisements de DEEE au monde – révèlent un paysage proche de ce qui pourrait être une projection apocalyptique. Classé parmi les 10 endroits les plus pollués au monde, le quartier est aussi connu localement sous le nom de Sodome et Gomorrhe. Élément du paysage urbain de la capitale ghanéenne, Agbogbloshie est un espace où se développent et opèrent différents types d'activités économiques dans un processus que l'on appellera, dans ce livre, la *recommodification* de l'économie mondiale.

4.8.1. Le paysage d'Agbogbloshie et l'exploitation minière urbaine à Accra

Agbogbloshie est situé à moins d'un kilomètre du centre d'Accra. C'est un quartier d'environ 16 km^2 où vivent environ 80 mille personnes, pour la plupart des migrants du nord du pays ou des immigrés du Togo, du Burkina Faso et de la Côte d'Ivoire.

Abossey-Okai Road est le nom de la rue menant au site ; elle est pavée et extrêmement fréquentée, comme la plupart des rues de la capitale ghanéenne. Il y a un flux continu de voitures et de chariots, qui répondent à la demande de transports publics de la ville. Les trottoirs sont empruntés par les vendeurs, qu'ils soient marchands ambulants ou installés dans leurs étals. Différents produits sont commercialisés : des aliments tels que des ignames, des tomates, des oignons, des ananas, des bananes, des biscuits, de l'eau et des boissons gazeuses ; vêtements, en particulier tee-shirts et jeans ; et une myriade de produits électroniques qui, pour la plupart, semblent être utilisés.

Dans le quartier, il y a une zone dédiée au marché d'Agbogbloshie – officiellement appelé *Makola Market* II[62] – et un autre quartier où sont répartis les logements, divers ateliers de service et la décharge.

La circulation dans cet espace n'est possible qu'avec l'autorisation préalable d'un groupe d'hommes situé à l'entrée principale du quartier et qui y exerce une territorialité : ils passent la journée assis à discuter entre eux et sur leurs téléphones portables respectifs, sous un soleil parapluie, portant des lunettes de soleil et vêtus de vêtements de l'équipe de football européenne. La visite est possible si accompagné de l'un d'eux et moyennant le paiement de 20 *cedis* (l'équivalent de 5 dollars).

Il existe deux types de déchets déversés à Agbogbloshie : conventionnels et électroniques. Souvent mélangées, elles s'accumulent dans des montagnes jusqu'à 2 mètres de haut, présentes en différents points du paysage. On constate que de nombreux ouvriers – pour la plupart des jeunes hommes entre 15 et 25 ans – exercent différentes activités sur le site : certains s'assoient en cercle pour discuter, tout en démontant ordinateurs, téléviseurs et autres objets, à la recherche de ressources minérales ; d'autres arrivent dans des camions et déversent des déchets électroniques sur le site ; et il y a aussi ceux qui travaillent dans des ateliers de réparation et de revente de produits électroniques.

On se promène à l'intérieur de cet espace le long d'une route parallèle à la rivière Odaw, qui, à son tour, est polluée et son écoulement est obstrué par la présence de divers types de déchets : sacs en plastique, morceaux d'ordinateurs et de

---

[62] Sur le marché d'Agbogbloshie, on vend principalement des tomates et des ignames. Il y a aussi la vente de fruits – ananas, mangue et banane – et de poivron rouge. Le rôle de marchande appartient exclusivement aux femmes qui, assises par terre avec leurs vasques ou assises sur des chaises dans leurs tentes, font un commerce silencieux de leurs produits, sans appel direct aux consommateurs, très différent de ce que font les marchands ambulants dans les rues de la ville.

réfrigérateurs, pneus, etc. Cette rivière se jette dans la lagune de Korle, qui était autrefois une importante source de poisson pour nourrir la population locale. La disparition de nombreuses espèces animales et végétales de ces plans d'eau peut s'expliquer par les fortes concentrations de plomb, de cuivre et de zinc, résultant des activités économiques autour des déchets électroniques (Huang, et *al.* 2014).

La présence d'hommes brûlant des produits électroniques sur la berge est notoire. L'odeur de plastique brûlé est assez forte et s'accompagne d'une épaisse fumée noire. Tous ces travailleurs portent des vêtements décontractés – tee-shirts, shorts et tongs – pour effectuer leurs tâches (figure 17).

Les maisons du quartier sont extrêmement précaires, étant presque toujours construites avec des morceaux de bois. La grande majorité dispose d'une antenne parabolique et d'un accès à l'électricité, mais manque d'installations sanitaires de base, de sorte que les déchets humains sont déversés dans la rivière Odaw. La présence de nombreuses mosquées permet d'inférer une concentration importante de population islamique dans le quartier, ce qui est parfaitement concevable, étant donné qu'environ 70 % des habitants d'Agbogbloshie viennent des régions du nord du pays, où l'islam est prédominant.

À Agbogbloshie, les activités associées au recyclage des ressources naturelles contenues dans les déchets électroniques sont des étapes importantes des circuits spatiaux de production articulés dans des logiques économiques qui opèrent à l'échelle planétaire. De telles étapes font partie de ce qu'on appelle l'exploitation minière urbaine qui, selon Grant,

> [...] désigne le processus de récupération des composants et éléments des produits, des bâtiments et des déchets. Il se concentre sur la récupération des métaux incorporés dans les déchets, en particulier les déchets électroniques. La pratique d'envoyer nos déchets ailleurs pour être traités a permis à l'exploitation minière urbaine de devenir une activité

> informelle de premier plan de l'économie urbaine dans les gisements de déchets électroniques situés dans le monde sous-développé (Grant, 2016, p. 21).

On estime que les activités de recyclage et de traitement des déchets électroniques – et l'exportation successive des ferrailles et des ressources minérales qui en sont extraites – atteignent ensemble, en moyenne, la valeur de 52 milliards de dollars dans le monde (Baldé et *al.*, 2015), Au Ghana, on estime que l'exploitation minière urbaine atteint la valeur de 260 millions de dollars US par an (Oteng-Ababio et *al.*, 2014).

Les activités permettent un véritable processus de développement économique, comme cela sera mieux analysée dans les pages suivantes. Dans la formation socio-spatiale du Ghana, ce processus mobilise une quantité importante de la main – d'œuvre, qui fonctionne, dans la plupart des cas, dans des conditions précaires. On estime qu'il y a 6.000 personnes impliquées dans des activités directement liées aux déchets électroniques – importation, la collecte, le recyclage, la réparation, l'intermédiation, l'exportation – dans plus de 400 entreprises, dans la plupart des cas informel, existant à Accra (Grant, 2016 ; Grant ; Oteng-Ababio, 2012).

Les déchets électroniques – notamment informatiques – sont amenés par des sociétés importatrices à capitaux ghanéens, généralement organisées en structure familiale, qui opèrent à une échelle transnationale. De même, il existe des entreprises à capitaux togolais, libériens et nigérians dans cette activité, qui implique souvent aussi l'importation de voitures d'occasion (Chalfin, 2009 ; Burrell, 2012 ; Amankwaa, 2013). Principalement implantées à Accra, ces sociétés ont également des représentants dans d'importantes villes portuaires européennes, comme Anvers (Belgique), Hambourg (Allemagne) et Rotterdam (Pays-Bas). Initialement, les expéditions arrivant au port de Tema sont divisées en deux groupes :

- Équipements électroniques ayant le potentiel d'être réutilisés dans leurs fonctionnalités d'origine et qui seront vendus sur les marchés locaux en tant que produits d'occasion (environ 30 %) ;
- Équipement électronique sans potentiel de réutilisation dans sa fonctionnalité d'origine (déchets électroniques) (environ 70 %).

Les importations du premier groupe sont dirigées vers de petits ateliers de réparation situés à Tema ou à Accra. Là, les objets sont testés, réparés et nettoyés, puis vendus dans de petits magasins et marchés de rue à travers le pays. Les importations du deuxième groupe sont acheminées par les collecteurs vers le district d'Agbogbloshie.

Remarquables dans toutes les rues d'Accra et de Tema, les collectionneurs – connus localement sous le nom de « Kaya Bola » – sont de jeunes hommes qui travaillent généralement seuls ou à deux, parcourant l'espace urbain à la recherche d'appareils électroniques mis au rebut. Ils fréquentent non seulement la zone portuaire, mais aussi les zones résidentielles, les ateliers de mécanique, les centres commerciaux et d'affaires. La collecte des déchets électroniques se fait à l'aide de diables et de camions, qui sont, dans la plupart des cas, loués quotidiennement à des intermédiaires.

Toujours munis de certains outils – tels que tournevis, clé et marteau – les collecteurs effectuent un démontage partiel des déchets électroniques au fur et à mesure qu'ils les trouvent. Le trajet quotidien est long, dépassant les 10 heures. Les objets collectés sont acheminés à Agbogbloshie (figure 18), où ils sont vendus à des intermédiaires. En moyenne, les collectionneurs obtiennent 15 *cedis* par jour (équivalent à 3,9 USD) (Amankwaa, 2013).

Les intermédiaires, quant à eux, sont ceux qui vendent les objets apportés par les collectionneurs aux recycleurs et aux réparateurs locaux. Le premier groupe travaille en extérieur ou dans de petits ateliers de quartier. Ses activités comprennent le démantèlement manuel de l'électronique et l'extraction de ressources minérales précieuses qui s'y trouvent.

Cependant, l'absence d'équipements adéquats ne permet qu'un processus partiel de recyclage des minéraux. Gagnant en moyenne 30 *cedis* par jour (équivalent à 7,8 dollars), les recycleurs adoptent souvent des techniques précaires et nocives pour la santé humaine et l'environnement, comme le brûlage de fils à l'air libre (déjà évoqué) pour isoler le minerai de cuivre du caoutchouc et plastique ; dans ce cas, les travailleurs alimentent la combustion du feu avec des pneus de voiture sans utiliser aucun type de protection. (Amankwaa, 2013).

La combustion des déchets électroniques à Agbogbloshie libère des métaux lourds qui contaminent l'air, le sol et les plans d'eau locaux. Ce processus interfère également avec la santé respiratoire des travailleurs du quartier, en plus de contaminer les aliments – notamment les fruits, les légumes et la viande – vendus sur les marchés voisins (Basel Convention Secretariat, 2011 ; Huang et *al.*, 2014). Certaines enquêtes de santé ont montré la présence d'une forte concentration de plomb dans le sol (à 18.000 parties par million, alors que la norme suggérée par *l'United States Environmental Protection Agency* est de 400 ppm.). De plus, les collectes de sang et d'urine réalisées avec les travailleurs du site montrent des concentrations élevées de baryum, cobalt, cuivre, fer et zinc (Huang et *al.*, 2014).

Sur le site, les autres activités réalisées sont la réparation. Les réparateurs sont ceux qui tentent de redonner aux objets leur fonction d'origine, afin de permettre leur réinsertion sur le marché local. Leurs ateliers sont également situés à Agbogbloshie, où ils vendent les produits récupérés. De plus, les ateliers de réparation sont chargés de nettoyer les produits pour les rendre plus attrayants pour les consommateurs locaux. Les objets qui ne peuvent finalement pas être récupérés passent par le processus dit de cannibalisme, c'est-à-dire lorsque certaines de leurs pièces sont retirées et stockées afin d'aider à la récupération d'autres appareils électroniques. En moyenne, les réparateurs gagnent environ 25 cédis par jour (équivalent à 6 56,5 dollars) (Amankwaa, 2013).

Les intermédiaires, déjà évoqués plus haut, sont des figures centrales du circuit spatial de production des déchets électroniques. En plus d'établir des relations d'affaires entre les collecteurs, les recycleurs et les réparateurs, ils font également le lien entre les recycleurs et les ferrailleurs situés à Tema. Il est cependant intéressant de noter que ces articulations sont toujours financièrement favorables aux intermédiaires. Amankwaa mentionne que :

> Il s'est avéré qu'il a ajusté les barèmes qui mesurent son avantage (afin de payer des prix inférieurs pour les matériaux) ce qui explique la différence de prix entre Agbogbloshie et Tema – une zone industrielle où se trouvent les grandes entreprises de recyclage de ferraille. Après pondération, les changements de boîte à main et les marchandises entrent dans le stock et sont finalement revendus à des ferrailleurs qui, à leur tour, vendent à des entreprises de Tema (Amankwaa, 2013, p. 563).

Les intermédiaires à Accra sont pour la plupart des Ghanéens, mais des Togolais, des Libériens et des Nigérians sont également présents. En général, ils reçoivent 35 *cedis* par jour (équivalent à 9 USD) (Amankwaa, 2013).

La dernière étape de l'exploitation minière urbaine est réalisée par les entreprises de traitement de la ferraille. Situées dans la *zone franche de Tema,* ces usines achètent – aux mains d'intermédiaires – des ferrailles et minéraux déjà partiellement transformés par les recycleurs Agbogbloshie.

Contrairement aux activités menées à Agbogbloshie, les entreprises de ferraille opèrent formellement dans de grandes usines de fabrication bien structurées. La prédominance des capitaux étrangers dans ce type d'activité est également notoire, notamment indienne (*Succes Africa, Gravita, Commodities*

Processing et NN *Est. Meta)* et saoudienne (Goldline*)*. Ces entreprises, par leurs conditions d'exploitation, ont pratiquement le monopole de l'exportation des ferrailles et minerais extraits des déchets électroniques, notamment le cuivre et le plomb (Grant, 2016). Ces dernières années, nombre d'entre elles ont cherché à financer directement l'activité des collecteurs, afin d'éviter d'acheter de la ferraille et des minerais par le biais d'intermédiaires.

Dans ces entreprises, la main-d'œuvre bénéficie de meilleures conditions de travail, utilisant des machines et des instruments moins nocifs pour la santé des travailleurs. Généralement, des techniques de pyrométallurgie et d'hydrométallurgie sont utilisées, qui servent à isoler les ressources minérales des déchets électroniques. Un certain type de spécialisation est commun à ces entreprises, comme *Gravita,* qui concentre ses actions sur le recyclage des chutes de plomb et des chutes avec des batteries, visant l'exportation de lingots de plomb refondus (d'une pureté d'environ 97 %) et de polypropylène (type plastique recyclé) (Gravita Ghana Limited, 2022).

L'exploitation minière urbaine a augmenté les exportations ghanéennes de cuivre, de plomb, de ferraille et de minéraux mixtes depuis 2004. Dans l'ensemble, ces exportations atteignent 31 pays. Les plus gros consommateurs de ces exportations sont les pays qui connaissent un processus d'industrialisation accéléré, comme la Chine – principal importateur – et l'Inde. Les autres pays acheteurs de ces produits sont le Japon, l'Australie, l'Allemagne, le Royaume-Uni, les Pays-Bas et l'Espagne.

Les ressources minérales extraites des déchets électroniques sont exportées via le port de Tema et, lorsqu'elles atteignent leur destination, sont utilisées comme matière première dans les types d'industries les plus différents. La ferraille exportée, à son tour, est traitée par des entreprises de recyclage encore plus capitalisées, capables d'établir une meilleure répartition de la ferraille (Grant ; Oteng-Ababio, 2012).

4.9. *Recommodification* de l'économie

Les activités qui composent l'exploitation minière urbaine au Ghana établissent ici un processus appelé la *recommodification* de l'économie. Les minerais issus du recyclage des déchets électroniques ne peuvent pas être analysés comme une *commodity* au sens traditionnel du terme, car ils ne sont pas obtenus en utilisant les mêmes forces productives employées dans l'extraction minérale habituelle. La distinction devient fondamentale, car c'est un autre type d'activité économique qui, articulé à l'échelle internationale, finit par déclencher une nouvelle forme d'insertion de la formation socio-spatiale ghanéenne dans le DIT, à l'aube du XXIe siècle.

En plus de la catégorie du circuit de production spatiale, utilisé en particulier dans la géographie, des universitaires d'autres domaines d'utilisation de la connaissance la catégorie de la *global value chain* (GVC), qui est devenu l'un des modèles les plus répandus de l'analyse empirique de la division internationale du travail. GVC a été développé au début du 21e siècle par un groupe d'universitaires (Gereffi, Humphrey, Kaplinsky et l'esturgeon) en fonction de la *commodity value chain* modèle (CVC), mis au point par Gereffi à partir d'études par Hopkins et Wallerstein sur l'importance des *commodities* dans l'analyse du système mondial (Hopkins ; Wallerstein 1986 ; Gereffi ; Korzeniewicz, 1994, Bair, 2009).

Le modèle GVC identifie le rôle du Ghana dans l'économie mondiale aux premiers stades de la production dans la chaîne de valeur, plus précisément dans la production d'or, de manganèse, de bauxite, de diamant, de pétrole et de cacao. Toutes ces *commodities* sont peu transformées sur le territoire ghanéen. Cependant, ce modèle tend à terminer son analyse sur la consommation, de sorte que le développement d'activités économiques post-consommation – comme la réparation d'objets usagés et le recyclage – n'a guère été pris en compte.

Cependant, récemment, le nombre d'analyses intégrant les dynamiques économiques liées aux déchets électroniques à l'échelle mondiale a augmenté (Grant ; Oteng-Ababio, 2012 ; Labban, 2014 ; Lepawsky ; Mather, 2011 ; Pickren, 2014 ; Grant, 2016). En ce sens, Lepawsky et Mather affirment qu'un tel dynamisme ne doit pas être interprété selon des perspectives économiques linéaires – telles que celles généralement utilisées dans les analyses basées sur des modèles de chaînes d'approvisionnement, notamment les GVC –, mais plutôt dans des perspectives plus complexes, qui pointent vers une fonctionnement cyclique de l'économie des déchets électroniques, dans des activités qui ont des *limites* et des *connexion* entre elles (Lepawsky ; Mather, 2011).

Le processus de *recommodification* économique au Ghana offre au marché international des ressources minérales à un prix plus abordable que le marché traditionnel des *commodities*. Les études d'Oteng-Ababio (2012) révèlent des prix favorables pour les *commodities* ghanéennes dans le cas du cuivre, du laiton (alliage métallique composé de cuivre et de zinc), du zinc, de l'aluminium et du fer (tableau 13).

De nombreuses études soulignent également le potentiel de récupération des métaux à partir des déchets électroniques. Pour avoir cette dimension, les téléphones portables ont, dans leur composition, environ : 250 mg d'argent ; 24 mg d'or ; 9 mg de palladium ; 9 mg de cuivre ; tandis que sa batterie contient encore 3,8 g de cobalt. Les ordinateurs contiennent : 1.000 mg d'argent ; 220 mg d'or ; 80 mg de palladium ; 500 g de cuivre ; et les batteries d'ordinateurs portable*s* contiennent encore 65 g de cobalt. Ces quantités, analysées isolément, peuvent paraître insignifiantes, mais replacées dans le contexte de la production et de la consommation mondiales, elles deviennent expressives étant donné qu'en 2011, 1,2 milliard de téléphones portables et 255 millions d'ordinateurs ont été consommés. Ainsi, il est possible de projeter les possibilités d'obtenir du profit au sein de l'exploitation minière urbaine (United Nations Environmental Programme, 2009).

Tableau 13 : Prix des métaux à Agbogbloshie (Accra, Ghana) et sur le marché international en 2012

Métal	**Prix du marché Agbogbloshie (Par kg en dollars)**	**Prix du marché international (Par kg en dollars)**
Le cuivre	3,91	6.11
Laiton	3.13	5.78
Zinc	0,93	2.33
Aluminium	0,78	1,80
Acier	0,78	0,67
Le fer	0,21	0,30

Source : Oteng-Ababio, 2012

La *recommodification* de l'économie est un processus qui – centré sur une main-d'œuvre mal rémunérée et opérant dans une situation marquée de précarité et d'informalité – déclenche une nouvelle forme d'expansion et d'insertion inégale et conjuguée des pays du Sud dans le système capitaliste. Ce type d'insertion – déjà vérifié par Marx au XIXe siècle et par le Luxembourg au XXe siècle lors de l'interprétation de la colonisation européenne en périphérie du système – est un fait central dans la compréhension de la division internationale du travail et représente une autre forme de participation du Ghana à l'économie contemporaine, en plus des exportations d'or, de bauxite, de manganèse, de diamants, de cacao et des importations de produits manufacturés.

Conclusions du chapitre 4

Les importations et le circuit spatial de production des *commodities* montrent que l'insertion du Ghana dans l'économie mondiale ne se fait pas uniquement grâce à la dynamique de production et d'exportation des *commodities* ; dynamiques qui sont étudiées de manière récurrente dans différents domaines des sciences humaines.

La compréhension d'une formation socio-spatiale doit passer par le déni de sa production ; pour ce qu'il ne produit pas et, fondamentalement, pour les raisons pour lesquelles il ne produit pas un certain bien et doit, à son tour, l'importer. Derrière cette demande que le territoire ne peut satisfaire, il y a des raisons qui peuvent être naturelles, historiques, politiques, entre autres.

La formation socio-spatiale ghanéenne a une liste d'importation diversifiée, qui comprend des aliments non transformés, des biens de consommation non durables, des biens de consommation durables, des biens d'équipement et des biens de production. L'abandon de la politique de substitution aux importations dans les années 1980 a fragilisé l'industrie nationale et l'a réduite à quelques entreprises industrielles destinées principalement à la fabrication de certains aliments, vêtements, médicaments et cosmétiques. Contrairement à la période coloniale, où les produits manufacturés étaient importés principalement du Royaume-Uni et d'autres pays d'Europe occidentale, le Ghana importe aujourd'hui de nombreux produits d'origine asiatique (notamment chinoise) et également d'autres pays africains, notamment des membres du bloc économique dont le pays intègre, CEDEAO. Les importations révèlent également un important dynamisme lié à la distribution, la circulation et la commercialisation des produits. Les activités liées à ces dynamiques sont associées à différents types de capital, mais fondamentalement au capital privé national.

La liste des importations révèle également des caractéristiques fondamentales sur les types de consommateurs existant dans une formation socio-spatiale donnée. Autrement dit, il révèle les caractéristiques socio-économiques de la population du pays considéré et, outre ses goûts, ses conditions d'acquisition des biens. Au Ghana, les faibles revenus mensuels de la grande majorité de la population – un processus qui s'est intensifié durant la phase néolibérale avec l'augmentation du chômage dans les activités formelles – ont entraîné l'importation d'un type spécifique de biens de consommation durables : les biens d'occasion.

Facilité par la politique de réduction des tarifs d'importation des produits électroniques, le marché ghanéen a été envahi par un flux continu d'ordinateurs, de téléviseurs, de téléphones portables, de photocopieuses et de nombreux autres types de biens de consommation, la plupart d'occasion, objets jetés par leurs consommateurs d'origine dans les pays du Nord, notamment en Europe de l'Ouest, aux États-Unis et au Canada.

La plupart de ces objets sont endommagés et irréparables, devenant des déchets électroniques. Même les objets qui fonctionnent encore et qui sont vendus sur le marché local deviennent des DEEE en quelques mois, car ils sont pour la plupart en fin de vie utile.

Commence alors un processus qui n'a pas encore été étudié, que l'on a appelé dans ce livre la *recommodification* de l'économie : de nombreux travailleurs urbains organisés en activités informelles de collecte, de réparation et de recyclage procèdent à l'extraction de diverses ressources minérales à partir des déchets électroniques (exploitation minière) abandonnés dans des villes comme Accra et Tema. Ce processus *s'appuie* également sur les activités d'intermédiaires et d'entreprises de ferraille, qui se chargent d'exporter ces ressources minérales, appelées ici *matières premières,* vers plusieurs pays industrialisés.

Ainsi, l'insertion du Ghana n'est pas seulement due à une exportation diversifiée de *commodities* et à une importation diversifiée de produits manufacturés. Le Ghana fait également partie de l'économie mondiale contemporaine à travers l'importation de déchets et l'exportation de *matières premières.* Ainsi, il y a de nouveaux contenus de l'insertion de la formation socio-spatiale ghanéenne dans le DIT contemporain, organisé par le système capitaliste dans son mouvement d'expansion inégal et combiné.

Figure 16 : Ghana National Theatre à Accra (Grand Accra)

Cliché de l'auteur, 2016

Figure 17 : Des ouvriers brûlent des déchets électroniques près de la rivière Odaw à Agbogbloshie, Accra (Grand Accra)

Cliché de l'auteur, 2016

Figure 18 : Déchets électroniques accumulés à Agbogbloshie, Accra (Grand Accra)

Cliché de l'auteur, 2013

Considérations finales

DE L'OR CONTRE DES DÉCHETS

Tout au long des quatre chapitres de ce livre, une tentative a été faite pour comprendre les insertions du Ghana dans la division internationale du travail au cours des premières décennies du 21e siècle. Par conséquent, le concept de formation socio-spatiale était d'une grande importance ici, car il garantissait que le processus historique était toujours à la base de l'analyse. Il est essentiel de le mentionner, le Ghana étant situé sur un continent qui fait, encore aujourd'hui, l'objet des généralisations les plus opportunes et les plus perverses, qui finissent par peupler la (in)consciente collective d'une grande partie du monde occidental, le lieu sur la planète où cette étude a été élaborée.

Affirmer, dès l'introduction, que ce livre ne concerne pas l'Afrique, c'était l'effort d'expliciter le fait que les recherches développées ici n'entendaient pas tomber dans des généralisations séduisantes, ni n'entendaient indiquer un comportement ou une tendance économique pour le continent aujourd'hui, étant donné que l'Afrique n'est pas une unité politique et ne peut donc pas être l'objet d'analyse prévu dans cette étude. Autrement dit : il n'y a pas d'inclusion du continent dans le DIT contemporain. Il existe en effet plus de 50 formations socio-spatiales qui intègrent l'économie internationale de différentes manières, à travers la construction historique de leurs modes de production dans leurs territoires. Des situations similaires peuvent évidemment être trouvées entre ces pays.

La perspective historique permet de comprendre le rôle central que la politique a joué dans les insertions du Ghana dans le DIT depuis son indépendance. Structurés en différents projets idéologiques, les gouvernements occupent l'État et établissent leurs stratégies pour l'économie du pays, établissant différentes lois et accords qui mettent en mouvement la triade du capital public, du capital privé étranger et du capital privé national. Ce dernier, à son tour, a encore des distinctions internes importantes.

Ainsi, le mode de production – sorte de forme d'organisation qui permet le développement de la base matérielle du territoire, ainsi que son insertion dans l'économie internationale – voit sa composition transformée au fur et à mesure qu'il adhère à des projets politiques. La résistance aux transformations est courante dans le processus et, dans le cas du Ghana, s'est vérifiée dans les nombreux coups d'État subis par le pays tout au long de sa jeune histoire en tant que nation indépendante.

L'insertion contemporaine de la formation socio-spatiale du Ghana dans le DIT commence en 1983, l'année où le président Rawlings – arrivé au pouvoir avec un coup d'État militaire en 1981 – a établi un programme de relance économique basé sur un ensemble de politiques d'idéologie néolibérale, qui visait, dans un premier temps, l'équilibre budgétaire, puis la réduction des entreprises publiques et l'ouverture du marché national aux capitaux étrangers.

Dans ce contexte, la présence de capitaux étrangers dans le pays s'est accrue, notamment dans les activités d'extraction minière – situées dans la partie centre-sud du territoire –, qui ont commencé à recevoir davantage d'investissements étrangers et gouvernementaux. Les infrastructures nécessaires à la circulation et à la distribution de ces *commodities* ont également été construites ou réparées grâce à l'action d'entreprises privées et publiques. L'industrie nationale – qui représentait une pièce maîtresse dans le projet de développement économique de Nkrumah et d'Acheampong au cours des décennies précédentes – est entrée dans un net processus de décadence, qui a accru la dépendance du pays vis-à-vis de l'importation de produits manufacturés de toutes sortes.

Au début du 21e siècle, l'or et d'autres richesses sortent du Ghana. Ce n'est pas nouveau, car le pays exporte ses produits agricoles et minéraux vers les pays industrialisés depuis son indépendance politique, et ce programme d'exportation dérive toujours de la période coloniale. Les *commodities* sont les matières premières d'un processus de production internationalisé qui a été analysé par de nombreux économistes de la catégorie de la *global value chain*. La chaîne, cette figure linéaire, permet de penser une succession d'étapes du processus de production qui s'articulent fonctionnellement – dans une relation spatio-temporelle donnée – et qui aboutissent à une marchandise, à consommer, après avoir intégré la circulation, la distribution et les processus de commercialisation.

De toute évidence, la valeur entre dans la composition de la marchandise au fur et à mesure que la production s'effectue et que la force de travail est dépensée. En tout cas, il y a ceux, surtout en géographie, qui choisissent de lire ce processus dans la catégorie du circuit spatial de production, qui prend en compte l'instance spatiale pour l'analyse.

Graines de cacao qui sortent du Ghana, ainsi que des lingots d'or, le manganèse, la bauxite et le pétrole brut sont transformés après les processus de production et de longues étendues menées dans d'autres formations socio-spatiales. Dans une chaîne de valeur mondiale, les *commodities* ghanéennes seraient au point de départ, car ils sont des produits cultivés ou extraits de la nature et qui subissent peu de traitement avant d'être utilisés comme matières premières par l'industrie. Chocolat, bijoux en or et des pièces de monnaie, les divers biens de consommation durables et de production composée d'aluminium et d'acier, ainsi que de nombreux produits pétroliers ne sont pas des produits ghanéens, bien que beaucoup d'entre eux se sont fondés sur la production ghanéenne *Exister.*

Être positionné aux étapes initiales d'un processus de production internationalisé ne garantit cependant pas une pleine compréhension du rôle du Ghana dans le DIT contemporain. Certes beaucoup moins étudié, l'agenda d'importation d'un pays est fondamental pour comprendre son économie, car il atteste d'un ensemble de biens qui – pour plusieurs raisons – ne sont pas produits en formation socio-spatiale. Faire attention au fait que le Ghana importe une quantité importante de produits manufacturés est une information essentielle pour comprendre les déséquilibres de la balance commerciale du pays, ainsi que l'organisation de ses forces productives, clairement orientées vers la production de *commodity*. Pour l'instant, rien de nouveau non plus, puisque ce schéma est courant dans la plupart des pays du Sud et représente une structure du DIT établie depuis les premières phases de l'expansion du capitalisme.

Il existe cependant une autre forme d'insertion du Ghana dans le DIT contemporain qui ne passe pas par l'exportation de *commodity,* mais par l'exportation de *recommodities.*

La plupart des analyses développées à partir de la catégorie de la *global value chain,* ainsi que celles développées à partir des circuits spatiaux de production sont proposées comme totalisantes, car elles interprètent la rotation du capital (DM-D'), en considérant les étapes allant de la production à la consommation. Ce que révèle la formation socio-spatiale ghanéenne dans ce livre, c'est que la totalité de ce virage doit être recomposée.

La valeur générée dans un processus de production n'est pas finalisée dans l'acte de consommation. La marchandise, dès qu'elle est jetée par son consommateur, s'inscrit dans des étapes économiques de réutilisation, de réparation et de recyclage. De telles étapes, à leur tour, ne sont pas *déterritorialisées* et sont elles-mêmes des produits de la division internationale du travail.

Le flux d'équipements électriques et électroniques rejetés par les pays du Nord atteint le port de Tema et initie une série d'activités économiques qui opèrent dans une situation marquée de précarité et d'informalité. Comme la plupart de ces flux sont constitués de marchandises détériorées qui ne peuvent être utilisées dans leurs fonctions d'origine (déchets d'équipements électriques et électroniques), il peut être considéré comme un flux illégal au sens de la Convention de Bâle.

Cette externalité générée par les Pays du Nord est transférée illégalement et criminellement vers un Pays du Sud. L'État ghanéen a permis d'importer ces biens électroniques jetés par les consommateurs dans les pays industrialisés pour assurer l'inclusion de larges couches de sa population – à faible pouvoir d'achat – dans le monde de la technologie. Ainsi, l'idée de départ de la réduction du taux d'importation de produits électroniques était de permettre le développement, dans le pays, d'un marché de l'occasion. Cependant, l'État ghanéen n'a pas autorisé l'entrée des DEEE, qui, de manière ponctuelle et perverse, arrivent à Porto mélangés à des biens d'occasion.

Ainsi, les déchets électroniques se répandent aux quatre coins des plus grandes villes du pays et donnent lieu, comme évoqué plus haut, à une série d'activités économiques qui approfondissent la division du travail et valorisent les objets jetés après le premier tour du capital.

Collecteurs, réparateurs, recycleurs et ferrailleurs se chargent d'extraire diverses ressources minérales des déchets, donnant lieu à un processus de production que l'on a appelé ici la *recommodification* de l'économie. Actuellement, ces minerais sont vendus aux pays industrialisés – généralement à un prix inférieur à ceux du marché traditionnel – et réintègrent dans un premier temps les chaînes de production ainsi étudiée par les économistes et les géographes.

La commodity et la *recommodity* ne sont pas la même matière, car elles sont produites dans des circonstances différentes et à partir de sources différentes. S'il y a un intérêt à composer une analyse basée sur l'ensemble du processus de production, dans de nombreux cas, cette analyse ne peut pas s'éteindre dans la consommation, en effectuant le tour DM-D', mais plutôt dans quelque chose qui ressemble à : DM-D'-M'-D », intégrant ainsi au processus la *marchandise* (M') (qui ne doit pas être comprise comme un simple intrant ou une matière première d'un processus de production spécifique).

Ainsi, la formation socio-spatiale du Ghana intègre la DIT contemporaine à travers une liste complexe des exportations et des importations. Alors que les *commodities* quittent le pays vers le « Nord », une partie des déchets produits dans le « nord » est importé et se transforme, par la division locale du travail, en *recommodities* qui sont destinés à nouveau pour les pays industrialisés. Enfin, il est encore une forme d'insertion inégale et combinée d'un pays du Sud dans le système capitaliste. Au début du 21e siècle.

BIBLIOGRAPHIE

Abraham, A. D. (2014). *Public-Private Partnership in road infrastructure development in Ghana: factors affecting project delivery and associated risks.* http://ir.knust.edu.gh:8080/bitstream/123456789/6991/1/AMPAH%20DELVIN%20ABRAHAM.pdf

Akabzaa, T. ; Darimanni, A. (2001). « Impact of mining sector investment in Ghana : a study of the Tarkwa mining », *Draft Report for SAPRI.* *http://www.saprin.org/ghana/research/gha_mining.pdf*

Akabzaa, T. (2009). « Mining in Ghana : implications for national economic development and poverty », in Campbell, B. (editor). *Mining in Africa: regulation and development.* Nova Iorque : Pluto Press, p.25-65.

Al Jazeera. (2022). http://interactive.aljazeera.com/aje/2015/ewaste/index.html

All Africa. (2022). http://allafrica.com

Amankwaa, E. (2013). « Livelihoods in risk : exploring health and environmental implications of e-waste recycling as a livelihood strategy in Ghana », *The Journal of Modern African Studies,* issue 4, vol. 51, p.551-575.

Amin, S. (1992). « Ideology and development in Sub-Saharan Africa », in Anyang' Nyong'o, P. *30 years of independence in Africa : the lost decades ?* Nairobi : African Association of Political Science (AAPS).

Amoah, G. O. A. (2014). « Intra-African trade : issues involved in improving Ghana's trade with the rest of the world », *Developing Country Studies*, issue 2, vol. 4, p.75-96.

Amoah, J. E. K. (1998). *Marketing of Ghana cocoa : 1885-1992.* Accra : Jemre Enterprises.

Anglogold Ashanti. (2022). http://www.anglogoldashanti.com

Anin, T. E. (1989). *Gold in Ghana.* Accra ; Londres : Selwyin Publishers Ltd.

Arroyo, M. (2001). *Território nacional e mercado externo: uma leitura do Brasil na virada do século XX.* 2001. 250f Tese (Doutorado em Geografia Humana). FFLCH, USP. São Paulo.

Aryeetey, E. ; Owusu, G. ; Mensah, E. (2009). *An analysis of poverty and regional inequalities in Ghana.* Washington D.C. : GDN.

Aryteey, E. (2007). *The organization of land markets and production in Ghana.* Legon: Institute of Statistical, Social and Economic Research.

Bair, J. (2009). *Frontiers of Commodity Chains Research.* Palo Alto: Stanford University Press. Baldé, C. P. ; Wang, F. ; Kuehr, R. ; Huisman, J. (2015). *The global e-waste monitor 2014: quantity, flows and resources.* Bonn : United Nations University, IAS-SCYCLE.

Bank of Ghana. (2019). *Annual report 2018.* https://www.bog.gov.gh/wp-content/uploads/2019/07/AnnRep-2018.pdf

Basel Convention Secretariat. (2011). *Where are WEEE in Africa? Findings From the Basel Convention e-waste Africa Programme.* http://www.basel.int/Portals/4/Basel%20Convention/docs/pub/WhereAreWeeInAfrica_ExecSummary_en.pdf

Bertrand, C. (2007). *Uma geografia transversal e de travessias: O meio ambiente através dos territórios e das temporalidades.* Maringá: Massoni.

Beuving, J. (2013). « Playing information games : *de marcheurs* in the second-hand car markets of Cotonou, Benin », *Social Antropologie/ Antropologie Sociale*, issue 1, p. 2-22.

Bird, D. (1994). *Ghanaian bauxite.* Londres : Mining Magazine.
Boahen, A. (1975). *Ghana : evolution and change in the nineteenth and twentieth centuries.* Londres : Longman.
Boateng, E. A. (1959). *A geography of Ghana.* Cambridge : Cambridge University Press.
Brafu-Insaidoo, W. ; Obeng, C. (2008). *Effect of import liberalization on tariff revenue in Ghana.* Nairobi : African Economic Research Consortium.
Brautigam, D. (2009). « Flying Geese or Hidden Gradon? Chinese business and African Industrial Development », in Alden, C. et al. (ed.). *China returns to Africa : a rising power and a continente embrace.* Londres : Hurst & Company.
Brunschwig, H. (1974). *A partilha da África Negra.* São Paulo : Perspectiva.
Burrell, J. (2012). *Invisible users: youth in the internet cafés of urban Ghana.* Cambridge : M.I.T. Press.
Campbell, B. (2009). « Introduction », in Campbell, B. (ed.). *Mining in Africa: regulation and development.* Nova Iorque : Pluto Press, p.1-24.
Cappelaere, P. (2007). *Ghana : les chemins de la démocratie.* Paris : L'Harmattan, 2007.
Carta do Atlântico. (1941). http://www.direitoshumanos.usp.br/index.php/Documentos-Internacionais-da-Sociedade-das-Nações-1919-a-1945/carta-do-atlantico-1941.html
Castillo, R. ; Frederico, S. (2010). « Espaço geográfico e movimento : uma reflexão sobre o conceito de circuito espacial produtivo », *Sociedade & Natureza* (UFU online), vol. 22, p.462-474.
Central Intelligence Agency. (2022). *The world Factbook : Ghana.* https://www.cia.gov/the-world-factbook/countries/ghana/

Chalfin, B. (2008). « Cars, the Customs Service, and Sumptuary Rule in Neoliberal Ghana », *Comparative Studies in Society and History,* issue 2, vol. 50, p. 424-453.

Chalfin, B. (2010). *Neoliberal frontiers: an ethnography of sovereignty in West Africa.* Chicago : University of Chicago Press.

Cholley, A. (1946) « Problèmes de structure agraire et d'économie rurale », *Annales de Géographie, issue 55, vol. 298, p. 81-101.*

Cooke, E. ; Hague, S. ; Mckay, A. (2016). *The Ghana poverty and inequality report : using the 6th Ghana living standard survey.* Accra : UNICEF Ghana ; Falmer : University of Sussex.

Davidson, B. (1985). *A history of West Africa : 1000-1800.* Londres : Longman.

Diagne. P. (2010). « As estruturas políticas, econômicas e sociais africanas durante o período considerado », in Ogot, B. A. (editor). *História geral da África: África do século XVI ao XVIII.* Brasília : UNESCO, vol. 5, p. 27-54.

Economic Community of West African States. (2022). http://www.comm.ecowas.int/?lang=pt-pt https://www.endeavourmining.com

Europa Publications. (2016). *Africa South of Sahara 2016.* Londres ; Nova Iorque : Routledge.

Ferguson, J. (2006). *Global Shadows: Africa in the neoliberal world order.* Duke ; Londres : Duke University Press.

Food and Agriculture Organization of the United Nations. (2005). *Fertilizer use by crop in Ghana.* Roma : FAO.

Fosu, A. ; Aryeetey, E. (2008). « Ghana's post-independence economic growth : 1960-2000 », in Aryeetey, E. ; Kanbur, R. (ed.). *The economy of Ghana: analytical perspectives on stability, growth & poverty.* Oxford : James Currey.

G4S. (2022). http://www.g4s.com

Geertz, C. (1963). *Peddlers and princes.* Chicago : University of Chicago Press.

Geertz, C. (1973). *The Interpretation of Cultures.* Nova Iorque : Basic Books.

Gereffi, G. ; Korzeniewicz, M. (1994). *Commodity chains and Global Capitalism.* Westport: Praeger.

GFMS. (2015). *Gold Survey 2015.* Londres : Thomson Reuters.

Ghana Bauxite Company. (2022). https://siga.gov.gh/siga/sector/ghana-bauxite-company-limited/

Ghana Chamber of Mines. (2019). *Performance of the mining industry in Ghana - 2018* http://ghanachamberofmines.org/wp-content/uploads/2019/07/Performance-of-the-Mining-Industry-2018.pdf

Ghana Energy Commission. (2022). http://www.energycom.gov.gh

Ghana Manganese Company. (2022). https://ghamang.com.gh

Ghana Mine Workers Union. (2022). https://www.commonwealthofnations.org/partner/ghana_mine_workers_union/

Ghana Ministry of Energy and Petroleum. (2022). https://energymin.gov.gh

Ghana Ministry of Food and Agriculture (2015). *Agriculture in Ghana : Facts and Figures* http://mofa.gov.gh/site/images/pdf/AGRICULTURE-IN-GHANA-Facts-and-Figures-2015.pdf

Ghana Ministry of Roads and Highways. (2022). http://www.mrh.gov.gh/4/our-business

Ghana Ministry of Transport. (2022). http://www.mot.gov.gh

Ghana National Petroleum Corporation. (2022). http://www.gnpcghana.com

Ghana Petroleum Commision. (2022) http://www.petrocom.gov.gh

Ghana Ports and Harbours Authority. (2015). *Handbook 2014/2015 Ghana Ports.* Essex : Land & Marine.

Ghana Statistical Service. (2022). http://www.statsghana.gov.gh

Ghana Volta River Authority. (2022). http://www.vra.com

Gocking, R. (2005). *The history of Ghana.* Westport: Greenwood Press.

Gold Fields. (2022). https://www.goldfields.com

Golden Stars Resources. (2022). http://www.gsr.com

Goodman AMC. (2022). https://goodmanamc.blogspot.com/2015/07/ghana-wealth-report-80-richest-people.html

Grant, R. ; Oteng-Ababio, M. (2012). « Mapping the invisible and real 'African' Economy : Urban E-waste Circuitry », *Urban Geography,* issue 1, vol. 33, p.1-21.

Grant, R. (2009) *Globalizing city : the urban and economic transformation of Accra, Ghana.* Nova Iorque: Syracuse University Press.

Grant, R. (2015). *Africa: geographies of change.* Nova Iorque: Oxford University Press.

Grant, R. (2016). « The 'Urban Mine' in Accra, Ghana », in Mauch, C. (ed.). Out of Sight, Out of Mind: The Politics and Culture of Waste. *RCC Perspectives : Transformations in Environment and Society,* issue 1, p. 21 – 29.

Gravita Ghana Limited. (2022). http://www.gravitaghana.com

Gugler, J. ; Flanagan, W. (1978). *Urbanization and Social Change in West Africa.* Cambridge : Cambridge University Press.

Haggarty, L. ; Shirley, M. ; Wallstein, S. (2012). « Telecommunication Reform in Ghana », in World Bank. *World Bank Policy Research Working Paper No. 2983.* http://Ssrn.Com/Abstract=636345

Hargreaves, J. (1991). *Decolonization in Africa.* Londres : British Library Cataloguing in Publication Data.

Hart, K. (1970). « Small-scale entrepreneurs in Ghana and Development planning », *People Planning and Development Studies,* p.104-120.

Hart, K. (1973). « Informal Income Opportunities and Urban Employment in Ghana », *The Journal of Modern African Studies,* issue 1, vol. 11, p. 61-89.

Hart, K. (1976). « The politics of unemployment in Ghana », *The Royal African Society,* issue 301, vol. 75, p.488-497.

Harvey, S. ; Sedegah, K. (2011). *Import demand in Ghana : structure, behavior, and stability.* Nairobi : African Economic Research Consortium.

Hilson, G. ; Hilson, A. ; Adu-Darko, E. (2014). « Chinese participation in Ghana's informal gold mining economy : Drivers, implications and clarifications », *Journal of Rural Studies,* vol. 34, p. 292–303.

Hopkins, T. ; Wallerstein, I. (1986). « Commodity Chains in the World-Economy Prior to 1800 », in *Review (Fernand Braudel Center).* 10 (1). http://ir.knust.edu.gh:8080/bitstream/123456789/6991/1/AMPAH%20DELVIN%20ABRAHAM.pdf

Huang, J. ; Nkrumah, P. ; Anin, D ; Mensah, E. (2013). « E-waste disposal effects on the aquatic environment : Accra, Ghana », *Reviews of Environmental Contamination and Toxicology,* vol. 229, p.19-34.

Humboldt, A. (1998). *Ensayo politico sobre la isla de Cuba.* Madrid : Ediciones Doce Calles.

Hutchful, E. (2002). *Ghana's adjustment experience: the paradox of reform.* Oxford : James Currey.

Institute of Statistical, Social and Economic Research. (2022). http://www.isser.edu.gh

International Cocoa Organization. (2022). http://www.icco.org

Ki-Zerbo, J. (2006). *Para quando a África?: Entrevista com René Holenstein/Joseph Ki-Zerbo.* Rio de Janeiro : Pallas.

Killick, T. (2010). *Development economic in action: a study of economic policies in Ghana.* Londres ; Nova Iorque : Routledge.

Kinross Gold Corporation. (2022). http://www.kinross.com

Knudsen, M. ; Fold, N. (2011). « Land distribution and acquisition practices in Ghana's cocoa frontier : The impact of a state-regulated marketing system », *Land Use Policy*, issue 2, April 2011, p. 378–387.

Kolavalli, S. ; Vigneri, M. (2011). « Cocoa in Ghana : shaping the success of an economy », in Chuhan-Pole, P. ; Angwafo, M. (ed.). *Yes, Africa can: success stories from a dynamic continent.* Washington D.C. : World Bank. p. 201-217.

Kopinski, D. ; Polus, A. ; Tycholuz, W. (2013). « Resource curse or resource disease ? Oil in Ghana », *African Affairs,* issue 449, vol. 112, p. 583–601.

KPMG Global Mining Institute. Ghana, country mining guide. (2014). https://www.kpmg.com/GH/en/Documents/ghana-mining-guide%202014.pdf

Labban, M. (2014). « Deterritorializing Extraction : Bioaccumulation and the Planetary Mine », *Annals of the Association of American Geographers*, issue 3, vol. 104, p.560–76.

Lenin, V. (1986). « O imperialismo, fase superior do capitalismo », in Lenin, V. *Obras escolhidas.* São Paulo : Alfa-Omega, p.578-671.

Lepawsky, J. ; Mather, C. (2011). « From beginnings and endings to boundaries and edges : rethinking circulation and exchange through electronic waste », *Royal Geography Society,* issue 3, vol. 43, p. 242-249.

Lovejoy, P. (2002). *A escravidão na África: uma história de suas transformações.* Rio de Janeiro : Civilização Brasileira.

Lund, C. (2008). *Local politics and dynamics of property in Africa.* Cambridge : Cambridge University Press.

Luxemburg, R. (2003). *The accumulation of capital.* Londres ; Nova Iorque : Routledge.

M'Bokolo, E. (2011). *África negra: história e civilizações.* São Paulo ; Salvador : Casa das Áfricas ; Edufba, vol. 2.

M'Bokolo, E. (2012). *África negra: história e civilizações*. Lisboa : Colibri, vol. 1.
Malowist, M. (2010). « A luta pelo comércio internacional e suas implicações para a África. In Ogot, B. A. (ed.). *História geral da África: África do século XVI ao XVIII*. Brasília : UNESCO, vol. 5, p.1-26.
Mamigonian, A. (1996). « A geografia e a formação social como teoria e como método », *Seminário Internacional : O Mundo do cidadão, Um Cidadão do Mundo*, USP, set. 1996.
Mamigonian, A. (2001). « Capitalismo e socialismo em fins do século XX (visão marxista) », São Paulo : *Ciência Geográfica*, vol. 7, n. 18, p. 04-09.
Marx, K. (1975). *O Capital : O processo global de produção capitalista*. Rio de Janeiro : Civilização Brasileira.
Marx, K. (2008). *Contribuição à crítica da economia política*. São Paulo : Expressão Popular.
Mazrui, A. A. (2011). « Procurai primeiramente o reino politico », in Mazrui, A. A. (ed.). *História geral da África: África desde 1935*. São Paulo : Cortez ; Brasília : UNESCO, vol. 8, p. 125-150.
Mbembe, A. (2001). *On the post colony*. Berkeley : University of California Press.
McGee, T. G. (1971). *The urbanization process in the Third World*. Londres : Bell.
Miracle, M. ; Seidman, A. (1968). *State farms in Ghana*. Madison : Land Tenure Center University of Wiscosin.
Mkandawire, T. (1992). « 30 years of African Independence : the economic experience », in Anyang' Nyong'o, P. *30 years of independence in Africa : the lost decades ?* Nairobi : African Association of Political Science (AAPS).
Moore, S. (2011). « Global Garbage : Waste, Trash Trading, and Local Garbage Politics », in Peet, R. ; Robbins, P. ; Watts, M. (ed.). *Global Political Ecology*. Londres : Routledge, pp. 133-144.

Munanga, K. (1993). « Trinta Anos de Processo de Independencia », *Revista USP – Dossier Brasil/África*, vol. 18, p.100-112.

Newmont Mining Corporation. (2022). http://www.newmont.com

Niane, D. T. (2010). « Introdução », in Niane, D. T. (ed.). *História geral da África: África do século XII ao XVI*. Brasília : UNESCO, vol. 4, p. 1-16.

Nyame, F. ; Grant, J. A. (2012). « From carats to karats : explaining the shift from diamond to gold mining by artisanal miners in Ghana », *Journal of cleaner production*, vol. 29-30, July 2012, p.163-172.

Nyame, F. ; Grant, J. A. (2014). « The political economy of transitory mining in Ghana : understanding the trajectories, triumphs, and tribulations of artisanal and small-scale operators », *The extractive industries and society*, issue 1, vol. 1, March 2014, p. 75–85.

Obeng-Odoom, F. (2015). « Global political economy and Frontier economies in Africa : Implications from the oil and gas industry in Ghana », *Energy Research & Social Science*, vol. 10, November 2015, p. 41–56.

Obeng, H. (2000). *Soil Classification in Ghana*. Accra : Centre for Policy analysis.

Observatory of Economic Complexity. (2022). Ghana. https://oec.world/en/profile/country/gha

Okoh. G. A. (2014). « Grievance and conflict in Ghana's gold mining industry : The case of Obuasi », Futures, vol. 62, October 2014, p. 51–57.

Oloruntimethin, B. O. (2010). « A política e o nacionalismo africanos, 1919-1935 », in Boahen, A. A. (ed.). *História Geral da África: África sob dominação colonial, 1880-1935*. Brasília : UNESCO, vol. 7, p. 657-674.

Oshikoya, T. (2010). « Introduction », in Oshikoya, T. (ed.). *Monetary and financial integration in West Africa*. Nova Iorque : Routledge.

Oteng-Ababio, M. (2012). « When Necessity Begets Ingenuity : E-Waste Scavenging as a Livelihood Strategy in Accra, Ghana », *African Studies Quarterly*, issues 1 & 2, vol. 13, p.1-21.

Oteng-Ababio, M. ; Amankwaa, E. F. ; Chama, M. A. (2014). « The Local Contours of Scavenging for E-waste and Higher-Value Constituent Parts in Accra, Ghana », *Habitat International*, vol. 43, p.163–71.

Oteng-Kufuor, K. (2006). *The institutional transformation of Economic Community of West African states.* Hampshire : Ashgate Publishing Limited.

Pickren G. (2014). « Political ecologies of electronic waste : uncertainty and legitimacy in the governance of e-waste geographies », *Environment and Planning A,* vol. 46, p.26-45.

Precious Minerals Marketing Company. (2022). https://siga.gov.gh/siga/sector/precious-minerals-marketing-company/

Quijano, A. (1970). *Redefinición de la dependencia y marginalización en América Latina.* Santiago : Universidad de Chile, Facultad de Ciencia Económicas, 1970.

Raffestin, C. (1993). *Por uma geografia do poder.* São Paulo : Ática.

Rangel, I. (1999). *Dualidade básica da economia brasileira.* Instituto Ignacio Rangel.

Rimmer, D. (1992). *Staying poor: Ghana's political economy, 1950-1990.* Oxford : Pergamon Press.

Rothchild, D. (1991). *Ghana : the political economy of recovery.* Boulder : Lynne Rienner Publisher Inc.

Rupp S. (2013). « Ghana, China, and the politics of energy », *African Studies Review*, issue 1, vol. 56, April 2013, p.103-130.

Santos, M. (1977). « Sociedade e espaço : a formação social como teoria e como método », *Boletim Paulista de Geografia.* São Paulo, n. 54, AGB, p.35-59.

Santos, M. (1986). « Circuitos espaciais de produção : um comentário », in Souza, M. A. A. ; Santos, M. (ed.). *A construção do espaço*. São Paulo : Nobel, p. 121-134.

Santos, M. (1996). *A natureza do espaço: técnica e tempo, razão e emoção*. São Paulo : Hucitec.

Santos, M. (2000). *Por uma outra globalização: do pensamento único à consciência universal.* Rio de Janeiro : Record.

Santos, M. (2004). *O espaço dividido: os dois circuitos da economia urbana dos países subdesenvolvidos.* São Paulo : EDUSP.

Schluter, T. (2006) *Geological Atlas of Africa.* Nairobi : UNESCO.

Slave Voyages. (2022). https://www.slavevoyages.org

Takane, T. (2002). *The cocoa farmers of Southern Ghana: incentives, institutions, and change in rural West Africa.* Chiba: Institute of Developing Economies; Japan External Trade Organization.

The Guardian. (2022) https://www.theguardian.com/environment/gallery/2014/feb/27/agbogbloshie-worlds-largest-e-waste-dump-in-pictures

Trading Economics. (2022). http://www.tradingeconomics.com/ghana/indicators

Trotsky, L. (1978). *A história da revolução russa.* Rio de Janeiro : Paz e Terra.

Tullow Oil. (2022). http://www.tullowoil.com

Uexkull, E. (2012). « Regional Trade and Employment in ECOWAS », *ILO Employment Working Paper,* issue 114, p.415-446.

United Nations Environment Programme (2015). *Waste Crime - Waste Risks Gaps in Meeting the Global Waste Challenge: a Rapid Response Assessment.* http://www.unep.org/publications/

United Nations Environment Programme. (2009). *Recycling from e-waste to resources* http://www.unep.org/pdf/Recycling_From_e-waste_to_resources.pdf/

United States Geological Service. (2022). https://www.usgs.gov
Uzoigwe, G. (2010). « Partilha europeia e conquista da África : apanhado geral », in Boahen A. A. (ed.). *História geral da África: África sob dominação colonial, 1880-1935.* Brasília : UNESCO, vol. 7, p. 21-50.
Varley, W. J. ; White, H. P. (1958). *The geography of Ghana.* Londres ; Nova Iorque : Longmans ; Greens.
Wagao, J. H. (1992). « Economic aspects of the crisis in Africa », in ANYANG' NYONG'O, Peter. *30 years of independence in Africa: the lost decades?* Nairobi : African Association of Political Science (AAPS).
Wallerstein, I. (1964). *The Road to Independence: Ghana and the Ivory Coast.* Paris : Mouton and Co.
Wallerstein, I. (2010). « A África e a economia-mundo », in Ajayi, J. F. (ed.). *História Geral da África: África do século XIX à década de 1880.* Brasília : UNESCO, vol. 6, p.27-46.
Watts, M. (2013). *Silent Violence : Food, famine, and peasantry in Northern Nigeria.* Athens: University of Georgia Press.
World Bank. (2022). *Ghana.* http://data.worldbank.org/country/ghana
World Gold Council. (2022). https://www.gold.org/goldhub/data/historical-mine-production
Yankson, P. W. K. (2006). *Urbanization, industrialization, and national development: challenges and prospects of economic reform and Globalization.* Legon: University of Ghana.

LISTE DES FIGURES

LISTE DES TABLEAUX

TABLE DES MATIÈRES

Structures éditoriales du groupe L'Harmattan

L'Harmattan Italie
Via degli Artisti, 15
10124 Torino
harmattan.italia@gmail.com

L'Harmattan Hongrie
Kossuth l. u. 14-16.
1053 Budapest
harmattan@harmattan.hu

L'Harmattan Sénégal
10 VDN en face Mermoz
BP 45034 Dakar-Fann
senharmattan@gmail.com

L'Harmattan Cameroun
TSINGA/FECAFOOT
BP 11486 Yaoundé
inkoukam@gmail.com

L'Harmattan Burkina Faso
Achille Somé – tengnule@hotmail.fr

L'Harmattan Guinée
Almamya, rue KA 028 OKB Agency
BP 3470 Conakry
harmattanguinee@yahoo.fr

L'Harmattan RDC
185, avenue Nyangwe
Commune de Lingwala – Kinshasa
matangilamusadila@yahoo.fr

L'Harmattan Congo
67, boulevard Denis-Sassou-N'Guesso
BP 2874 Brazzaville
harmattan.congo@yahoo.fr

L'Harmattan Mali
Sirakoro-Meguetana V31
Bamako
syllaka@yahoo.fr

L'Harmattan Togo
Djidjole – Lomé
Maison Amela
face EPP BATOME
ddamela@aol.com

L'Harmattan Côte d'Ivoire
Résidence Karl – Cité des Arts
Abidjan-Cocody
03 BP 1588 Abidjan
espace_harmattan.ci@hotmail.fr

L'Harmattan Algérie
22, rue Moulay-Mohamed
31000 Oran
info2@harmattan-algerie.com

L'Harmattan Maroc
5, rue Ferrane-Kouicha, Talaâ-Elkbira
Chrableyine, Fès-Médine
30000 Fès
harmattan.maroc@gmail.com

Nos librairies en France

Librairie internationale
16, rue des Écoles – 75005 Paris
librairie.internationale@harmattan.fr
01 40 46 79 11
www.librairieharmattan.com

Librairie l'Espace Harmattan
21 bis, rue des Écoles – 75005 Paris
librairie.espace@harmattan.fr
01 43 29 49 42

Lib. sciences humaines & histoire
21, rue des Écoles – 75005 Paris
librairie.sh@harmattan.fr
01 46 34 13 71
www.librairieharmattansh.com

Lib. Méditerranée & Moyen-Orient
7, rue des Carmes – 75005 Paris
librairie.mediterranee@harmattan.fr
01 43 29 71 15

Librairie Le Lucernaire
53, rue Notre-Dame-des-Champs – 75006 Paris
librairie@lucernaire.fr
01 42 22 67 13

www.ingramcontent.com/pod-product-compliance
Lightning Source LLC
LaVergne TN
LVHW010954061026
849535LV00006B/1714
9782140208560